콩트가 들려주는

실증주의 이야기

콩트가 들려주는
실증주의 이야기

ⓒ 윤민재, 2007

초판 1쇄 발행일 2007년 2월 27일
초판 11쇄 발행일 2023년 2월 1일

지은이   윤민재
그림   이유리
펴낸이   정은영

펴낸곳   (주)자음과모음
출판등록   2001년 11월 28일 제2001-000259호
주소   10881 경기도 파주시 회동길 325-20
전화   편집부 (02)324-2347 경영지원부 (02)325-6047
팩스   편집부 (02)324-2348 경영지원부 (02)2648-1311
e-mail   jamoteen@jamobook.com

ISBN 978-89-544-1970-3 (64100)

콩트가 들려주는

실증주의 이야기

윤민재 지음

㈜자음과모음

책머리에

　철학이니, 사회학이니 하는 학문들은 그 이름부터 여러분을 지레 겁먹게 하고, 질리게 하지요? 그러나 이 학문들은 모두 우리의 삶을 풍요롭게 하기 위해, 정의롭게 하기 위해 존재하는 것들입니다.

　물론 그중에는 잔뜩 어려운 말을 늘어놓으면서 '지식' 이란 명목으로 우리를 당혹스럽게 하는 것들도 있어요. 여러분은 자라면서 어려운 책, 어려운 말을 더 많이 만나게 될 거예요. 하지만 여러분, 우리에게 필요한 '지혜' 는 어려운 말로 포장되어 있지 않고, 그럴싸하게 포장할 필요도 없답니다. 사람들이 이해하지 못하는 어려운 '지식' 은 사람들로부터 점점 멀어져서, 더 발전하지 못하고 결국 사라지게 된답니다. 앞으로 여러분은 어떠한 어려운 '지식' 을 만나게 되더라도, 절대 주눅 들지 말고, 그것이 어떻게 인간의 삶을 풍요롭게 만들며 정의롭게 할 수 있는지를 먼저 생각해 보세요. 만약 그 지식이 정말 필요한 것이라면 '지혜' 로 승화시켜 자기 것으로 만들기 바랍니다.

앞으로 펼쳐질 이야기에서 우리는 콩트 철학의 중요한 개념을 배울 수 있습니다. 바로 과학의 정신인 '이성'이라는 것이에요.

인간이 가지고 있는 '이성'의 힘을 깨닫지 못하면, 사람들은 눈을 뜨고 있어도 사물을 제대로 보지 못하고, 판단하지 못하며, 이해하지 못하게 됩니다. 마치 중세 가톨릭이 지배하던 시대에 그랬던 것처럼 말입니다.

하지만 '이성'은 사람들이 미신이나 비합리적인 생각에 빠지는 것을 막아 줍니다. 그리고 제대로 보고 판단하고 이해하도록 하는 것이 '이성'이므로 사회에 해를 끼치는 것들에 대항해 싸울 수 있는 힘을 주지요.

이것이 바로 콩트의 사회학이 기초로 하고 있는 실증주의 정신이에요. 콩트는 실증주의가 인간의 사회를 더욱 발전시킬 수 있다고 보았답니다.

자, 그럼 콩트의 실증주의 이야기 속으로 함께 떠나 볼까요?

2007년 2월

윤민재

CONTENTS

책머리에
프롤로그

1 형, 형, 우리 형 | 013
1. 역시 우리 형이야 2. 내가 좀 더 컸더라면
3. 형의 공장으로
　• 철학 돋보기

2 난 행복해 | 039
1. 성섭이네 지하방 2. 할머니, 이제 아프지 마
3. 가족의 행복 4. 여성의 힘!
　• 철학 돋보기

3 물질보다 중요한 건 | 077
1. 시험 잘 보면 뭐해 2. 나도 갖고 싶어!
3. 마음의 부자 4. 치마 속 할머니 돈
　• 철학 돋보기

4 형, 애인이 생기다 | 107
1. 나의 새 축구공 2. 형이 수상해
3. 형에게도 애인이? 4. 아저씨의 사과
　• 철학 돋보기

에필로그
부록_통합형 논술 활용노트

프롤로그

덜컹 덜컹!

얇은 유리가 끼워진 창문에서 싸늘한 바람이 들어옵니다. 허술한 우리 집 창틀은 바람이 불 때마다 이렇게 덜컹거린답니다. 바람이 살살 불 땐 덜그럭덜그럭, 바람이 세차게 부는 날엔 덜커덩덜커덩. 창문이 흔들리는 소리만 듣고도 바깥 날씨를 짐작할 수 있을 정도지요. 음…… 오늘은 얼음이 얼 정도는 아니니까 섭씨 5도쯤?

온도계가 없어도 저 소리가 온도를 알려준다니까요. 저녁 뉴스 시간에 확인해 봐야겠어요. '오늘의 날씨'에서 말이에요. 아마 거의 맞을걸요, 나의 온도 맞히기 경력이 몇 년인데요.

"창호야, 할미 물 좀 떠다 줘라. 쿨럭, 쿨럭."

어, 저 방에서 할머니가 부르시네요. 기침이 심하신 걸 보니 감기가 아직도 낫지 않으셨나 봐요. 병원에 가서 주사 한 방만 맞으면 금방 나으실 텐데, 병원도 안 가고 그냥 누워 계시기만 합니다. 할머니는 주사가 무서워서 안 간다고 고집을 부리시지만 사실은 병원비 때문입니다. 집안 형편도 안 좋은데 할머니의 병원비로 돈을 쓰면 안 된다고 생각하시는 것 같아요.

나는 주전자에 물을 담아 컵과 함께 할머니께 갖다 드렸어요. 물 컵을 받아든 할머니의 손가락이 더 가늘어지셨어요. 예전엔 짐이 가득 쌓인 리어카도 끌고 다니셨던 손인데 말이에요.

"할머니, 이렇게 누워서 기침만 하시지 마시고 병원에 좀 가요, 네? 계속 이러시면 진짜 의사 선생님 불러서 이따만 한 주사 놓아 달라고 할 거예요. 엄청 크고 아픈 걸로."

나는 할머니가 계속 아픈 것이 속상해서 한 말인데, 할머니는 보일 듯 말 듯 웃으면서 물을 받아 후루룩 마셨어요.

"너 어릴 때 이 할미가 써먹던 말을 우리 창호가 하는구먼. 그래, 할미가 얼렁 나아야 할 텐데, 그래야 돈 벌어서 우리 창호 맛난 것도 사 주고…… 할미가 늙어서 자꾸 아프기만 하네. 쿨럭쿨럭."

할머니의 기침이 더 요란해졌습니다. 창문으로 계속해서 바람이 슝슝 들어오니 할머니 기침이 나을 수가 있겠어요? 감기는 몸을 따뜻이 해야 낫는다는데.

몇 달 전만 해도 할머니의 상태가 이렇게 나쁘진 않았어요. 나이는 드셨어도 커다란 박스를 거뜬히 나르실 수 있었거든요. 할머니가 주워 모은 종이나 박스, 고철 같은 것을 모아 판 돈으로 우리 식구가 먹고 살았어요. 할머니가 종일 돌아다니면서 일했던 것에 비하면 적은 돈이지만, 그래도 그것이 우리 식구의 생활비가 되었죠.

그런데 이제 그 일도 할머니는 하지 못하게 되었어요. 할머니의 건강이 몇 달 전부터 나빠지셨기 때문이지요. 무거운 걸 들고 다니는 일이어서 늘 허리가 아프시다던 할머니는, 일을 못 나가는 횟수가 잦아지더니 요새는 아예 움직이지 못하게 되었답니다.

나는 할머니의 이불을 어깨까지 덮어 드리고 내 방으로 돌아왔어요. 창밖의 바람은 더 거세게 불고 있답니다. 이 정도 날씨면 밤 동안 창틀이 꽁꽁 얼어붙어 내일은 아예 창문도 열리지 않을 거예요, 분명히요.

겨울을 지내기엔 차라리 지하방이 더 나은 것 같아요. 그래도 지하방에 살 때는 그릇에 떠 놓은 물이 얼음으로 변하는 일은 없었거든요. 햇볕이 환하게 드는 이곳 옥탑방으로 처음 이사 올 때만 해도 참 신났었는데…… 계단을 빙빙 돌아 우리 집이 있는 꼭대기까지 오르면 동네가 한눈에 다 들어오는 게 진짜 좋았거든요. 작은 옥상에 돗자리를 깔고 앉아 고기를 구워먹던 그날의 추억이 우리에겐 최고의 날이었답니다.

햐, 생각하니 입맛이 다셔지는걸요. 우리 형이 첫 월급을 타던 날, 큰맘 먹고 사 온 삼겹살과 상추를 펼쳐 놓고 할머니와 형, 그리고 나, 이렇게 온 가족이 둘러앉아 구워 먹었던 그 맛이란! 우리 식구들에게 가장 행복했던 날이었죠.

그래요, 우리 식구는 그렇게 세 명뿐이랍니다. 엄마는 아주 오래전에 돌아가셨대요. 나는 너무 어릴 때 일이라 엄마의 얼굴도 기억이 나지 않아요. 엄마 대신 할머니가 저를 돌봐 주셨는데, 몇 해 전에 건설 현장에서 일을 하시던 아빠마저 사고로 돌아가셔서 형과 할머니, 그리고 저만 남게 되었지요.

처음에는 부모님이 안 계신다는 사실이 너무 슬펐지만, 시간이 지나서 그런지 지금은 괜찮아요. 어쩔 수 없는 일이잖아요.

"창호야……."

어! 밖에서 누가 부르는 소리가 나네요. 우리 형일 거예요. 세상에서 내가 제일 좋아하는 우리 형! 형이 돌아오는 이 시간이 나는 제일 좋아요. 어쩌면 군밤이라도 한 봉지 사 들고 올지 모르거든요. 얼른 문 열어 줘야겠어요.

형, 형, 우리 형

1. 역시 우리 형이야
2. 내가 좀 더 컸더라면
3. 형의 공장으로

 사랑의 본질은 개인을 보편화하는 데 있다.

—콩트

1 역시 우리 형이야

"형아 왔어?"

나는 신이 나서 현관 문을 열었습니다. 형이 들어오자 바깥의 차가운 바람도 그림자처럼 집안으로 따라 들어옵니다.

"이 녀석, 늦었는데 여태 안 자고 뭐했어? 형 기다리지 말고 일찍 자라니까."

형은 자지 않고 있던 나를 나무라는 듯 말했지만 내가 기다리고 있는 걸 더 좋아하는 것이 분명해요. 형의 눈을 보면 다 안다니까요.

형은 먼저 할머니의 방으로 들어가 주무시는 할머니를 한번 살펴 드리고 나왔습니다. 잠이 많아지신 할머니는 요즘 들어 형이 퇴근하는 모습을 거의 보지 못합니다.

"할머니 오늘은 어떠셨니? 기침은 좀 나아지신 것 같아?"

형의 물음에 나는 고개를 가로저으며 그렇지 않다는 대답을 했습니다. 형은 이렇게 할머니가 계속 편찮으시면 어쩌나 하고 걱정하는 얼굴이었습니다. 그런 걱정은 나도 마찬가지였죠. 예전 같으면 늦게 들어오는 형을 위해 어묵 국물이라도 끓여 주셨을 텐데…… 그 생각을 하자 갑자기 배가 고파진 나는 형에게 물었습니다.

"빈손이야?"

"그럼, 빈손 아니면 무슨 손을 원하는데?"

나는 형이 아무것도 들고 있지 않은 것에 내심 실망했습니다. 추운 겨울밤에는 따듯하고 달콤한 것이 생각나는 법이라 은근히 기다리고 있었거든요. 사실은 형보다 형이 가지고 올 뭔가를 더 기다렸는데…….

"아까부터 밖에서 이런 소리 나던데. 메밀묵 사려어…… 찹쌀

떡…… 이잉, 나도 먹고 싶은데. 군밤이나 뭐……."

"군밤은 없고 꿀밤은 있다. 요렇게!"

그러면서 형은 내 머리를 콩 쥐어박았습니다.

"치! 뭐야! 누가 장난하재?"

나는 괜히 심술이 나서 방으로 휙 들어와 이불을 뒤집어썼습니다. 여태 형을 기다린 보람도 없이 꿀밤이나 얻어맞고. 흥! 이불 속에서 나는 계속 투덜거렸지요. 그때 형이 내 머리맡으로 오더니 살그머니 한마디 했습니다.

"창호 벌써 자나 보네. 그럼 이건 나 혼자 먹어야지……."

뭔가를 꺼내는 소리에 나는 자존심도 없이 벌떡 일어났습니다. 형이 붕어빵이 든 종이 봉지를 점퍼 안에서 꺼내 내 눈앞에 흔들고 있었지요.

"나 안 잔다고!"

형은 깔깔 웃으면서 봉지를 나에게 건넸습니다. 식을까 봐 옷 속에 품고 온 것인데, 내가 하는 모양이 재미있어서 놀렸던 것이지요.

형이 점퍼 안에 넣어 안고 온 붕어빵은 아직까지 따끈따끈했습니다. 나는 붕어의 꼬리부터 먹었지요. 이게 내가 붕어빵 먹는 습관이거든요. 어떤 친구들은 입 부분부터 먹고, 어떤 친구들은 지느러미부터 먹는다고도 하는데, 나는 꼬리부터 먹는 게 제일 맛있더라고요. 그래야 달콤한 팥 앙꼬를 한번에 듬뿍 먹을 수 있잖아요. 기다리던 군밤은 아니었지만 군밤보다 더 맛있는 붕어빵을 순식간에 네 개나 먹어 치웠습니다. 물고기 네 마리를요, 하하하!

허겁지겁 다 먹고 나서야 형을 돌아보았습니다. 형에겐 하나도 권하지 않고 혼자만 먹고 말았어요. 이런 이런…… 어쩌죠? 형에게 너무 미안한걸요.

"난 아까 많이 먹었어. 너 먹으라고 사 온 거야."

내 마음을 알았을까요. 형이 얼른 대답합니다. 형의 저 말은 거짓말일지도 몰라요. 형은 항상 밖에서 많이 먹었다고 하면서 나와 할머니에게 모든 것을 양보하지요. 자기는 먹지도 않았으면서…….

2 내가 좀 더 컸더라면

  우리 형은요, 우리 형이라서 하는 말이 아니라, 정말 멋진 사람
이에요. 학교 다닐 때는 공부도 얼마나 잘했다고요. 꼭 대학 가서
학자가 되겠다고 했었어요. 콩트라든가, 뭐 그런 사회학자에 대해
더 많이 공부하고 싶다고요. 사회학이 재미있다나요? 나는 학교
에서 사회 과목 배우는 것만으로도 골치가 아픈데, 대학까지 가서
사회학을 공부하겠다니 우리 형은 참 신기한 사람이죠? 나는 공
부가 재미있다는 사람이 제일 신기하다니까요.

그런 우리 형인데…… 대학을 가지 못하게 되었답니다. 아르바이트를 하면서 고등학교를 다녔는데 할머니가 아파 누워 계신 뒤로는 형이 도맡아 생계를 책임져야 했으니까요.

공부를 워낙 잘하던 형이라 할머니는 어떻게 해서든지 형이 대학엘 가길 바라셨어요. 그런데 집안 사정이 이렇게 되니 형이 돈을 벌어야 했지요. 그래서 고등학교를 졸업하자마자 형은 공장에 취직을 했습니다. 바로 지금 다니고 있는 직장으로요.

차라리 공부에 취미가 없는 내가 학교를 그만두는 게 낫지 않았을까, 그런 생각도 했었답니다. 형이 공부를 계속하고 내가 학교를 그만 다니고 취직을 하는 거죠. 그렇지만 초등학교도 졸업하지 않은 어린애를 누가 써 주겠어요.

에이, 내가 나이가 조금만 더 많았어도…… 그때만큼 내가 어리다는 것이 속상했던 적은 없었을 거예요. 그 핑계로 공부도 안 하고, 좋을 뻔했는데. 헤헤헤.

어쨌거나 형은 우리 식구들을 위해 대학 가는 것을 포기하고 취직을 했습니다. 그렇지만 공부를 아주 그만둔 건 아니었어요. 일이 아무리 늦게 끝나도 집에 오면 책을 펴고 공부를 합니다. 형은 열심히 돈을 모아 생활이 조금 나아지면 꿈을 포기하지 않고 대학에 꼭 갈 거래요. 그걸 위해 꾸준히 준비해야 한대요. 우리 형이지만 정말 대단하지요? 나는 돈도 안 벌고 공부만 하는 데도 하기 싫어서 빨리 어른이 됐으면 하는 생각뿐인데 말이에요.

"참, 형한테 좋은 일이 생겼어. 공장장님이 좋게 봐 주셔서 이제 다른 일을 하게 됐거든. 그동안 박스 나르는 일만 했었는데 이제부터는 물건 검품을 하게 될 거야. 그렇게 되면 월급도 조금 오를 수 있어. 어때, 이 형, 능력 있지?"

그만 졸음이 쏟아져서 자려고 하는 순간 형이 말을 꺼냈습니다. 형은 휴대전화를 만드는 공장에 다니는데 특별한 기술이 없어서 물건 나르는 일만 하고 있다고 했었거든요.

"진짜? 형, 그러면 과장님 되는 거야?"

누우려다 말고 눈이 번쩍 떠진 내가 물었습니다. 다른 친구들이 이런 식으로 아빠 자랑하는 걸 들었거든요. '우리 아빠가 과장으로 승진했다' '우리 아빠는 실장님이다' 뭐 그런 자랑이요. 나도 회사 다니는 우리 형 자랑을 하고 싶었는데 직함이 없어서 애들 얘기에 끼지 못했었거든요. 형 말대로라면 승진을 하는 거 아니겠어요? 그럼 과장이나 부장, 그런 게 되는 거겠죠?

"과장은 무슨, 형 나이가 몇 살인데. 그건 나이가 더 많아야 하는 거야. 과장은 아니고 그냥 하는 일이 좀 좋아진 거지."

형이 내 말에 '푸' 하고 웃으면서 대답했습니다.

"형은 그럼 아무 직책이 없는 거야? 김 대리, 김 실장 뭐, 그런 거."

나는 주워들은 직함들을 대면서 물었어요. 나도 얼른 애들에게 자랑을 하고 싶었기 때문이죠. 휴대전화 회사에 다니는 우리 형이 김 과장이라고 말이에요.

"조금만 기다려 봐. 열심히 일하다 보면 그깟 이름 하나 못 달겠어? 공장장, 사장, 회장도 할 수 있지. 이 형이 꼭 그렇게 되도록 해 볼게. 약속!"

형의 호기 있는 말에도 나는 썩 기분이 좋아지지 않았습니다. 나에게도 사장 아빠가 있다면…….

아니, 아니에요. 이런 생각은 아무 도움도 안 된다는 걸 잘 알아요. 어차피 가질 수 없는 걸 부러워하거나 욕심내 봐야 나만 속상하니까요. 돌아가신 엄마 아빠가 다시 올 수 있는 것도 아니고…… 김 과장은 아니지만 월급이 오른다잖아요? 그럼 붕어빵도 더 자주 사다 줄 수 있겠지요.

"다음 달부터 월급 오르면 붕어빵 2천원어치 사다 줄게. 알았지?"

형이 내 마음을 읽었나 봅니다. 나도 형의 눈만 보면 무슨 말을 하려는지 다 알아챌 수 있거든요. 우리 형도 마찬가지겠죠.

"근데 형, 형 공장에 휴대전화 많아? 엄청?"

갑자기 생각난 내가 물었습니다. 휴대전화가 산처럼 쌓여 있을 공장이 궁금했거든요. 거기서 형이 무슨 일을 하는지도.

"그럼, 매일 몇천 개씩 만드는데. 근데 그건 왜? 형 공장에 와 보고 싶어?"

나는 눈을 동그랗게 뜨고 고개를 커다랗게 끄덕거렸습니다. 이번에도 형은 내 마음을 단박에 읽어 버렸다니까요.

"음…… 내일 학교 끝나고 형 공장으로 찾아올래? 쉬는 시간에 공장 구경 시켜 줄게. 찾아오는 길은 말이지……."

형은 공책 한 장을 뜯어 형이 일하는 곳의 위치를 자세하게 적어 주었습니다. 버스를 갈아타는 곳과 내리는 곳까지, 몇 번이고 되풀이해서 말해 주었죠.

"아이 참, 안다니까. 안다고! 내가 어린앤 줄 알아? 그 동네는 내가 더 훤하다니까. 예전에 현장 학습 가 본 데야."

네 번씩이나 똑같은 얘기를 하려고 하기에 나는 그만 발끈하고 말았습니다. 형은 아직도 나를 어린애 취급하려고 한다니까요. 몇 년만 있으면 나도 신문 배달을 할 수 있는 나이인데 말이에요.

"그래, 그래. 내일 조심해서 잘 찾아와. 형이 맛있는 거 사 줄게. 알지? 130번 버스 타고……."

"안다니까!"

내가 큰 소리를 치자 형이 웃으면서 두 손을 들었습니다. 암튼 형은 할머니만큼 잔소리가 심하다니까요.

아, 어쨌거나 나는 내일 할 일이 생겨 기분이 좋습니다. 학교가 끝나 집으로 와도 놀 친구가 없어 늘 심심하거든요. 친구들은 다들 학원을 다니니까요.

"아니, 시간이 벌써 이렇게 됐네. 창호야, 얼른 자라. 너 내일 늦잠 자겠어."

형의 말에 나는 후닥닥 이불 속으로 들어갔습니다. 내일이 기다려집니다. 밤도 깊어지고 바람도 세게 불었지만 설레는 마음에 추운 줄도 모르겠습니다.

3 형의 공장으로

다음 날 학교 수업이 끝나자마자 나는 교문 밖으로 달려 나왔습니다. 학교 수업이 끝나는 거야 늘 좋지만 오늘은 더욱 좋습니다. 친구들이 학원이나 과외를 가 버리고 나면 저 혼자 집에 가야 하기 때문에 항상 심심했었거든요. 그렇지만 오늘은 갈 데가 있다는 거 아닙니까.

나는 형이 몇 번이나 일러 주어 이미 외워 버린 길을 따라 버스를 타고 내린 후 형의 회사에 도착했습니다. 기대를 너무 해서 그런지 밋밋한 사각 건물이 조금은 실망스러웠습니다. 텔레비전에서 보면 회사들이 모두 으리으리하게 크고 멋있는 건물들이던데.

형의 공장은 넓은 마당에 트럭이 몇 대 세워져 있고, 커다란 박스가 높게 쌓여 있는 것이 전부였지요. 처음 와 보는 데라 선뜻 들어가지 못하고 서성이는데 마침 형이 나오고 있었어요. 어느 때보다 형이 반가웠습니다.

"이 시간쯤 올 것 같아서 나와 봤지. 잘 찾아왔네? 안으로 들어가자."

나는 형의 뒤를 졸졸 따라갔습니다. 건물 안은 생각보다 엄청 넓었어요. 무슨 판 같은 것이 쉴 새 없이 돌아가고, 그 앞에 앉은 사람들은 휴대전화에 들어갈 부품을 만들어 넣고 있는 것 같았습니다. 뉴스에서 보던 공장의 내부 모습과 크게 다르지 않더라고요. 형은 한쪽 자리에 앉아서, 완성된 물건에 별 문제는 없는지를 검사하는 일을 하게 되었대요.

형이 나를 데리고 다니며 이곳저곳을 보여 주고 있는데 누가 와서 알은체를 했습니다.

"아, 이 꼬마가 자네 동생인가? 아주 똘똘하게 생겼는데."

"예, 제 일하는 데가 궁금하다고 해서…… 창호야, 인사드려. 우리 공장장님이셔."

나는 씩씩하게 인사를 했습니다.

"동생도 형을 닮아서 그런지 아주 예의 바른데. 이름이 창호라고? 그래, 너도 네 형처럼 훌륭한 사람이 되어야 한다. 알았지?"

공장장님이란 분은 형을 훌륭한 젊은이라며 칭찬해 주셨습니다. 형은 머쓱해했지만 저는 우리 형이 너무 자랑스러웠어요. 멋진 형인 줄은 알고 있었지만 이렇게 회사에서까지 좋은 평을 듣다니, 나도 기분이 한껏 좋아졌지요. 형이 칭찬받으니 나도 칭찬받은 것 같았으니까요.

"저 아저씨, 여기에서 제일 높은 사람이야?"

"이 공장에서는 제일 높지."

"그럼 제일 높은 아저씨한테 형 칭찬받은 거야?"

"자기가 맡은 일을 최선을 다해 열심히 하면 누구나 칭찬받을 수 있어. 너도 마찬가지고 말야, 그렇지?"

그러면서 형은 은근히 뼈 있는 말을 합니다. 지난번에 시험 망친 것을 두고 하는 말이 분명해요. 치, 자기가 잘한다고 남도 다 잘해야 한다고 생각하는 건 옳지 않아요. 제 말이 맞죠?

"근데, 되게 신기하다. 아까 보니까 판이 빙빙 돌면서 있는 곳은

사회는 다양한 조직으로
구성되어 있다.

사람들 손이 안 보이는 것 같던데. 어떻게 그렇게 잘할까?"

형의 잔소리가 이어질까 봐 나는 얼른 말을 돌렸습니다. 정말 그게 신기하기도 했거든요.

"일이 손에 익숙해져서 그렇지. 여기 공장에 와 보니까 사람들 일하는 모습이 혼자 공부했던 사회학 이론을 현실에서 다시 배우는 기분이야. 자연현상에도 법칙이 있는 것처럼 사회에도 법칙이 있거든. 여기 이 작은 공장에서도 물건이 하나 완성되기 위해서는 정해진 규칙에 따라 순차적으로 진행돼야 해. 그 규칙을 조금만 어겨도 물건은 불량이 되지. 책에서만 봤던 것을 이렇게 실제 체험을 통해 배우니까 내가 더 이익이지."

역시 사회학자가 되고 싶어 하는 형이라서 그런지, 일하러 온 공장에서도 공부를 하네요. 정말 열성적인 학생이지요? 형의 사회학 사랑은 아무도 못 말린다니까요. 나는 형이 이런 얘기를 시작하면 그냥 차분하게 들어준답니다. 어떤 건 이해가 되고 어떤 건 잘 모르겠지만, 그래도 형이 이렇게나 좋아하는 공부 얘기를 동생이 안 들어줄 수 있나요.

"한 부분만 따로 떨어져 있는 것이 아니라 전체가 서로 연관되어 있다는 건 여기 공장에서의 일만은 아니야. 이 사회도 경제, 정치,

문화, 노동, 종교 등등…… 다양한 부분과 조직들로 구성되어 있거든. 우리가 사회를 정확히 파악하고자 한다면 한 가지, 혹은 몇 가지만 연구해서는 알 수가 없어. 왜냐하면 다양한 부분과 조직들은 서로 밀접한 관계를 가지면서 영향을 주고받기 때문이지. 그러니까 유기적 연관을 가진 사회 전체를 연구해야 하는 것이 사회학이다, 이 말이지."

자신이 제일 좋아하는 사회학 이론인지라 형은 신이 나서 말을 이었습니다. 나는 물론 아주 재미있는 척 고개를 끄덕이며 듣고 있었지요. 잘 모르겠지만 말입니다.

"창호 너, 사회학의 창시자인 콩트 알지?"

알고말고요. 형에게 오십 번은 더 들었던 이름인데요.

"콩트의 사회학은 인간 사회의 발전과 진보의 내용에 관심을 가졌어. 그러나 이러한 진보와 발전은 무질서하고 무작위적으로 진행되는 것이 아니라, 나름대로 질서 있게 진행된다고 생각했어. 그래야만 사회는 혼란스런 모습으로서가 아니라 질서 정연하고 예측 가능한 모습으로 인간에게 나타난다고 믿었던 거지. 이런 콩트의 사회학은 여기 공장에서도 그대로 적용돼. 휴대전화도 조립 순서와 규칙을 지켜야만 완성품이 되고, 또 더 좋은 기계로 발전하는 것처럼 말이야."

사회학 얘기에 한창 열을 올리던 형은 시계를 보더니 성큼성큼 앞서갔습니다.

"시간이 벌써 이렇게 됐네. 출출하지 않니? 간단히 먹고 집에 가. 형도 곧 들어가 봐야 해."

형은 공장의 매점에서 빵이랑 우유를 사 주었습니다. 더 맛있는 걸 기대했지만, 이 정도도 괜찮아요. 한창 빵을 열심히 먹고 있는데 매점으로 누군가가 들어왔습니다.

"어이, 이게 누구야? 김은호 씨 아냐? 쉬라고 있는 휴식 시간도 안 쉬고 일하던 은호 씨가 웬일이야? 왜, 이제 공장장님 신임도 얻었으니 슬렁슬렁 일하려고?"

형보다 조금 더 나이 들어 보이는 사람이 형에게 말을 건네는데 느낌이 이상해요. 어른들의 일이라 잘 모르겠지만, 형을 칭찬하던 아까 공장장님과는 다른 것 같았어요.

"동생이 찾아와서 잠깐 나왔어요. 이제 들어가야죠."

"그럼, 그럼. 나 일 안 하고 농땡이 치러 나왔다고, 공장장님한테 이르러 가야겠지. 안 그래?"

"주임님도, 참…… 쉬다 오십시오, 저 먼저 가겠습니다."

형은 짧게 대꾸하고 일어섰지요. 제 생각에 저 아저씨는 형을 무척 싫어하는 것 같아요.

"은호 씨 혼자만 칭찬받겠다고 남 힘들게 하면 곤란하지. 자기는 올라가고 남은 내려가라고?"

주임이라는 아저씨가 계속 기분 나쁘게 이야기하는데도 형은 꾸벅 인사를 하고 밖으로 나갔습니다. 형도 속이 상했겠지요? 별 이상한 사람이 다 있네요. 왜 우리 형을 괴롭히는 건지…… 기분이 나빠진 나는 그 아저씨의 뒤통수를 잠깐 노려 보다 형을 따라 밖으로 나왔습니다.

"형, 저 아저씨, 형보다 높아? 그래서 못 싸우는 거야?"

괜히 화가 난 내가 형에게 물었습니다. 내가 조금만 더 컸었더라면 형 대신 싸워 주는 건데. 에잇!

"나보다 1년 먼저 일한 사람이야. 나는 그냥 내 일을 열심히 하려고 한 것뿐인데, 공장장님이 나를 좋게 봐 주시니까 자기만 힘들게 됐다고 저러는 거야. 사실 근무 시간에도 자주 나와서 놀고 그러거든. 나 혼자 잘난 체한다고 생각하는 모양이야."

"그러니까 뭐야, 자기는 일도 제대로 못하면서 형보고 왜 열심히 일하느냐, 뭐 그러는 거란 말이지? 아, 알겠다. 우리 반에도 그런

애가 있거든. 자기는 하나도 안 하면서 잘하는 애만 괜히 미워하고. 암튼 잘난 사람은 시기를 받는다니까. 형도 너무 잘나서 적이 많은 거야."

내가 흥분해서 말하자 형이 피식 웃었습니다.

"그래서 너는 적이 하나도 없구나? 좋겠다."

"그럼! 내 인생의 좌우명이 그거란 말이지. 시기를 받지 말자!"

"참 좋은 좌우명이다. 응? 적은 이 형이 다 물리쳐 줄 테니 잘하는 것 좀 만들어 봐라."

형과 나는 웃으면서 헤어졌습니다. 형은 일하러 들어가야 했으니까요. 형의 뒤를 따라 주임이라는 아저씨도 들어가는 것이 보였습니다. 우리 형이 괴롭힘을 당하지 말아야 할 텐데 정말 걱정입니다. 자기 일을 잘하려고 노력하는 게 무슨 죄가 된다고 모두들 그럴까요? 자기도 열심히 하면 되지. 참 알 수 없는 것이 어른들 세계인 것 같습니다. 모두가 칭찬하는 우리 형을 싫어하는 사람도 있으니 말이에요.

오거스트 콩트

　사회학이라는 학문을 창시한 오거스트 콩트는 1798년 프랑스 몽펠리에라는 곳에서 출생했습니다.

　1814년 파리 이공과대학에 우수한 성적으로 입학한 콩트는 동료들 사이에서 별명이 철학자일 정도로 지적 능력이 뛰어났어요. 그런데 콩트가 학교를 다니던 시기에 학생들과 학교 당국 사이에 갈등의 골이 깊어지게 되었고 마침내 대학은 휴교를 결정했어요. 이때 시위 주동자였던 콩트는 학교로부터 처벌을 받게 됩니다.

　이로 인해 콩트는 고향으로 돌아가 가정 교사 생활을 하게 되었고 경찰의 요주의 인물로 지목되어 감시를 당하게 되지요. 수학에 뛰어난 재능을 가졌던 콩트는 대학에 재입학하지 않고 수학책을 번역하는 일을 했습니다.

　그러던 중 1817년 20세 되던 해에 콩트는 자신의 인생에서 가장 중요한 인물 가운데 한 사람인 생시몽을 만나게 됩니다. 위대한 인물로 평가되는 사람들을 살펴 보면 스스로의 지적 능력이나 통찰력 등이

뛰어난 경우도 있지만, 훌륭한 동반자를 만나 그 위대함이 더욱 빛난 인물들도 있어요. 콩트가 바로 후자의 경우라 할 수 있습니다. 콩트의 훌륭한 동반자가 바로 생시몽이었지요.

생시몽은 지금으로 말하면 기업가이자 투자자라고 할 수 있습니다. 그러다가 뒤늦게 학자의 길을 걷게 된 사람으로, 콩트를 만날 당시 그는 잡지를 발간하고 있었습니다. 콩트는 생시몽으로부터 경제적인 도움을 받으면서 그를 돕게 되었고, 지적 동반자로서 둘은 함께 '실증주의'를 연구하기 시작했답니다.

그러던 중 둘은 영원한 동반자로 남지 못하고 결별을 하게 됩니다. 결별의 원인은 여러 가지가 있겠지만, 첫 번째는 생시몽이 콩트의 허락 없이 콩트의 논문을 자신의 책에 실었기 때문이에요. 콩트는 크나큰 배신감을 느끼고 스승이자 동반자인 생시몽과의 결별을 준비합니다. 두 번째 원인은 두 사람의 견해 차이 때문입니다. 생시몽은 사회 개혁이 제일 시급하며 이를 위해 기업가나 은행가들이 중요한 역할을 해야 한다고 보았어요. 반면 콩트는 행동에 앞서 이론적인 작업, 즉 과학의 이론적 기초를 닦는 일이 중요하다고 보았지요. 생시몽은 행동을 강조했고 콩트는 이론을 강조한 것입니다.

콩트는 생시몽과 결별 후 경제적, 심리적으로 힘든 시간을 보냈지만 한 여인을 만나 결혼을 하고 안정을 찾게 됩니다. 그후 콩트는 평소 관심이 많았던 실증주의 철학에 대해 본격적인 연구를 시작했습니다. 그러나 콩트는 대학에서 정교수 자리를 얻지 못했고, 생계를 위해 다양한 직업을 가질 수밖에 없었지만 콩트는 학문에 대한 열정을 버리지 않았어요.

그의 성격은 매우 독특했다고 알려져 있습니다. 또한 매우 똑똑했지요. 그래서 콩트는 다른 학자들이 쓴 책은 읽지 않았다고 해요. 이러한 오만으로 인해 그는 사람들과 더 멀어지게 되었답니다. 결국 콩트는 학자가 아닌, 일반 대중을 상대로 강연을 했지요. 이 강좌는 18년 동안 지속되었는데, 청중들은 지식층이 아닌 노동자 등 아주 평범한 사람들이었다고 합니다.

시간이 지나면서 그의 말과 사상은 더욱 추상적인 것으로 변해 갔어요. 급기야 1849년 콩트는 현실의 무대에서 은퇴하고 자신이 만든 종교인 인류교에 빠져들게 됩니다.

2

난 행복해

1. 성섭이네 지하방
2. 할머니, 이제 아프지 마
3. 가족의 행복
4. 여성의 힘!

 인간성 이외에는 본질적으로 진실한 것은 없다.

-콩트

1 성섭이네 지하방

오늘은 겨울 날씨 치고 따뜻한 편이네요. 어제랑 똑같은 옷을 입었는데도 하나도 춥지 않거든요. 살얼음이 졌던 웅덩이도 얼음이 다 녹아 길이 질퍽질퍽합니다.

날씨가 오늘같이만 따뜻하다면 놀기 좋습니다. 며칠 동안, 날이 너무 추워서 그나마 한 둘 있던 놀이터의 꼬마 녀석들도 보이지 않았었죠. 놀이터에 애들이 아무도 안 보이면 이상하게 쓸쓸한 기분이 들어요. 그런 날은 피리 부는 사나이가 애들을 모두 불러 모아서 끌고 갔을까, 하는 엉뚱한 상상을 하기도 한답니다.

그런데 말이에요, 갑자기 이런 생각이 들더라고요. 아이들을 홀린 그 피리 소리는 과연 어떤 음악이었을까? 신나는 동요 같은 것이었을까? 아니면 새 소리처럼 맑은 소리였을까?

음…… 내 생각에는 아주 슬픈 음악일 것 같아요. 슬픈 음악에 아이들이 자신도 모르게 따라가지 않았을까…….

며칠 동안 이런 쓸데없는 상상을 하면서 하얗게 얼음이 낀 창밖을 보고 있었습니다. 그런데 오늘은 날이 좋아서 그런지 창문이 투명해져서 밖이 다 보이는군요.

집으로 돌아와 딱히 할 일도 없었는데, 왠지 기분이 좋아졌어요. 이런 날 가만히 있을 수 있나요. 나는 일단 동네 놀이터를 순찰해 보기로 했습니다. 자주 가는 놀이터 말고, 더 먼 데까지 한번 순회를 해 봐야겠어요. 그동안 춥다고 너무 웅크리고 있었거든요. 원래 나의 활동 영역은 무진장 넓은데 말이에요.

오늘은 아이들이 제법 많이 나와 있었습니다. 그래 봐야 모두 꼬맹이들이고, 내 또래의 친구들은 거의 없지요. 놀이터의 모래를 파고, 흙길을 만들고, 손으로 두꺼비집을 쌓고…… 그러느라 꼬맹이들의 옷은 엉망이 되어 있네요.

저런 흙장난은 역시 어린애들이나 하는 놀이로, 나처럼 의젓한 고학년 학생이 코 찔찔이들과 섞여 놀 수야 없죠.

나는 제일 가까운 놀이터를 지나 옆 동네의 놀이터 몇 개를 더 둘러보았습니다. 대여섯 개의 학원을 다니는 친구들에겐 날이 따뜻해진 것도 별 의미가 없나 봅니다. 다른 놀이터에도 마찬가지로 큰 애들은 없으니 말이에요.

어린이들을 놀지도 못하게 학원에 묶어 두는 엄마들 나빠요. 나처럼 학원 못 가는 사람한테 친구도 없게 만들고…… 어린이에게 놀 권리를! 이렇게 큰 소리라도 쳐 볼까요? 그렇지만 내 마음 한쪽에선 그런 나쁜 엄마라도 있었으면 하는 생각이 살짝 올라왔습니다. 나를 억지로 학원에 보내는 엄마, 놀지도 못하게 막 공부시키는 엄마, 나한테도 나쁜 엄마가 있었으면…… 일찍 돌아가 버리신 우리 엄마, 정말 나쁩니다…….

날씨 좋다고 들떠 있던 내 마음의 풍선에서 '피슉' 하고 바람이 나가는 것 같습니다. 저 앞에 있는 놀이터 한 군데만 더 가 보고 그만 들어가 봐야겠어요. 난 혼자서도 잘 놀지만 오늘은 그러고 싶지 않거든요.

그 놀이터는 생긴 지 얼마 안 된 곳이에요. 새로 만들려고 공사

중일 때 와 보고 완성된 후로는 오늘 처음 온 거랍니다. 새것이라 그런지 우리 집 앞에 있는 것보다 훨씬 좋아 보이긴 합니다. 이왕 왔으니 그네 시승식이라도 한번 해봐야겠죠?

혼자 그네에 앉아 발을 구르고 있는데 아, 저쪽에 내 또래의 남자 아이가 보입니다. 그 애도 혼자인지 구름사다리에서 매달리기 연습을 하고 있네요. 분명히 모르는 아이인데 반가운 마음이 먼저 듭니다. 나는 벌떡 일어서 그 애에게 다가가 말을 걸었습니다.

"난 중앙초등학교 5학년이야. 넌?"

이름도 생략하고 일단 나이 확인부터 들어갔습니다. 원래 남자들의 세계에서는 위아래를 정하는 것이 제일 중요한 일이거든요.

"나도 5학년이야. 삼삼초등학교에 다니고."

오호, 마침 나이도 같은걸요. 그런데 애는 왜 학원에 안 가고 여기서 놀고 있는 걸까요? 엄마 몰래 땡땡이를 치고 있는 걸까요?

"넌 학원 안 다녀?"

"응."

그러고 보니 나도 학원을 안 다니기는 마찬가지였죠. 나는 함께 놀 수 있는 친구가 놀이터에 있다는 사실만으로도 기분이 좋아져서 그 애와 신나게 놀았습니다. 그 애도 나랑 같은 마음인 것 같았지요. 역시 혼자보다는 같이 노는 것이 훨씬 재미있습니다.

한참을 놀이터에서 새로 사귄 친구와 놀았습니다. 시간이 얼마나 많이 지났는지도 모를 정도로 말이에요.

아무리 따뜻한 날이라 해도 겨울인데, 우리 둘은 땀에 흠뻑 젖어 버렸습니다. 어느새 땀이 식어 슬슬 서늘한 기운이 느껴졌지요.

"넌 어디 사니?"

정신없이 노느라 다리에 맥이 빠져 버린 나는 의자에 털썩 주저앉으며 새 친구에게 물었습니다.

"저쪽 골목에 살아. 그런데 넌 이름이 뭐야?"

그러고 보니 새 친구의 이름도 몰랐네요. 나는 내 이름을 알려 주며 친구의 이름도 물었습니다.

"성성섭. 좀 이상하지? 애들은 섭섭이라고 부르기도 하고 성성성이라고 부르기도 해. 너도 편할 대로 불러. 화내지 않을게."

"성섭이? 이름 좋은데 뭘. 내 이름은 김창호야. 애들은 벽창호 아니면 창호지라고 불러. 너도 편한 대로 불러."

성섭이가 웃음을 참으려다가 그만 픽 소리를 내고 말았습니다. 나도 웃음이 터져 나와 우리 둘은 한참을 낄낄거렸지요.

"땀이 식어서 그런지 추워진다. 이제 그만 집에 가야겠는걸."

내가 일어서려고 하자 성섭이가 말했지요.

"너 집까지 한참 가야 하잖아. 우리 집에서 뜨거운 물이라도 마시고 옷도 말리고 가. 감기 걸리면 어떡하냐?"

성섭이의 제안에 저는 성섭이의 집으로 갔습니다. 사실 바쁠 일도 없는데 잘됐죠 뭐.

"들어와. 컴컴하니까 조심해서 내려와."

그러면서 성섭이가 먼저 어둑한 집안을 익숙한 걸음으로 들어가 불을 켰습니다. 성섭이네 집은 우리가 전에 살던 지하방보다 더 어두웠습니다. 아직 해가 지지 않았는데도 완전 밤 같았지요. 볕 한 줌 들지 않는다는 게 이런 것인가 싶을 정도로요. 살림도 너무나 낡았고, 솔직히 쓰레기장에서 주워 모은 것이라 해도 믿을 것 같았습니다.

이런 내 마음을 읽었는지 성섭이가 먼저 말을 꺼냈습니다.

"집이 좀 그렇지? 친구를 데려오기는 네가 처음이야."

최초의 초대 손님이라는 말이 듣기 나쁘지만은 않았어요. 처음 만났지만 나를 편하게 느꼈다는 뜻이니까요. 아니, 어쩌면 가난한 사람은 가난한 사람을 알아보는지도 몰라요. 우리 집도 다른 애들에 비해 형편이 좋지 않잖아요. 제가 성섭이에게 무작정 말을 걸었던 것도 이런 이유가 아닐까요?

"그런데 너희 식구들 모두 여기 살아? 부모님이랑 형제, 다?"

내 방보다도 작은 방에서 어떻게 여러 식구가 사는지 궁금해서 물었습니다. 성섭이는 대수롭지 않다는 듯이 말했지요.

"할아버지하고 나하고 둘뿐이야. 엄마가 집을 나간 뒤 아빠하고 살았는데, 아빠도 나를 할아버지에게 맡겨 놓고 나가셨어. 할아버지는 박스랑 빈 병 같은 것 주우러 다니시다가 밤늦게야 들어오셔. 그러니까 거의 나 혼자야."

성섭이는 아무렇지도 않게 대답하는데 내 마음이 더 이상해졌습니다. 성섭이가 가여워서 눈물이 날 것 같기도 합니다.

"형이나 누나도 없어?"

성섭이는 고개를 끄덕이며 그렇다고 했습니다. 혼자 지내니 밥도 제대로 못 먹을 것이 분명했습니다. 좁은 부엌에는 먹던 그릇이 마구 널려 있었고, 밥통은 때가 새카맣게 끼어서 거기다가는 밥을 지을 수도 없어 보였지요.

"밥은 할아버지가 해 주셔?"

"아니, 내가 해서 먹어. 자원 봉사자들이 가끔 반찬을 갖다 주거든."

사회를 이루는 기본-가족

나는 이 세상에서 내가 제일 불쌍한 사람일 거라고 생각한 적이 있었습니다. 부모님도 안 계시고, 집도 가난하고, 원하는 것도 못 할 때가 많았으니까요. 그렇지만 성섭이를 만나 내 처지를 다시 한 번 생각해 보게 되었죠. 나는 그래도 볕이 잘 드는 집에 살고 있고, 할머니도 계시고, 무엇보다 든든한 형이 있잖아요. 요즘에는 아파서 잘 못 움직이시지만 할머니가 밥도 해 주시고, 투정도 받아 주시고, 형은 부모 역할을 해 주고 있으니 성섭이에 비하면 나는 가진 게 너무 많은 사람인 것 같습니다.

성섭이의 모습이 안타깝고 가여웠지만, 그 덕에 나는 내가 얼마나 행복한 사람인지를 깨닫게 되었지요.

나는 성섭이를 위로할 수 없었습니다. 아니, 성섭이 자신이 위로받으려고 하지 않는 것 같았어요. 나도 부모님이 안 계시다는 것, 형과 할머니와 살고 있다는 얘기를 해 주었죠. 성섭이는 형이 있다는 것을 가장 부러워하는 것 같았습니다. 혼자 지내는 외로움이 커서 그렇겠지요. 형이 있다는 말은 하지 말 걸 그랬나 봐요. 괜히 자랑하는 것 같아 미안해졌습니다.

처음에 주겠다던 뜨거운 물은 마시지 못했지만 성섭이랑 얘기를 하는 동안 땀이 모두 말랐습니다. 우리는 다음에 또 놀이터에서 같이 놀자는 약속을 하고 헤어졌지요. 성섭이에게 손을 흔들고 돌아서는데 할머니가 유난히 보고 싶더라고요. 우리 형은 더욱더 많이.

　나는 팔을 세차게 저으며 우리 집을 향해 달렸습니다. 옥탑방인 우리 집으로.

2 할머니, 이제 아프지 마

"어! 할머니, 이제 다 나았어요? 이렇게 움직이셔도 돼요?"

현관 문을 열자 부엌에서 할머니가 쌀을 씻는 모습이 보였습니다. 학교에서 돌아올 때만 해도 자는 듯 누워 계셨던 할머니였는데 말이에요.

"싹 나슨 건 아니지만 오늘은 쬐끔 움직일만 허구나. 우리 창호, 할미가 누워 있어서 밥도 제대로 못 먹었을 거 아녀. 내가 얼릉 움직여야지, 누워 있으니께 집안 꼴이 말이 아니구먼. 이래서 집에

다양한 가족 구성원이 모여 사는 사회

는 여자가 있어야 하는겨."

그러면서 할머니는 밥을 안치고 국거리를 준비하십니다.

"할머니, 이제 형이 일하니까 박스 같은 것 주우러 다니지 마. 그냥 집에서 이렇게만 계셔도 좋으니까요. 응?"

나는 할머니의 팔을 붙들고 오랜만에 어리광을 피웠습니다. 성섭이네 집을 다녀와서인지 할머니가 계시다는 것만으로도 너무 좋았거든요. 창문이 덜컹거리면 좀 어때요. 방이 좀 좁으면 어때요. 엄마 아빠 안 계셔도 할머니와 형, 나, 이렇게도 가족이잖아요.

집 안에 할머니가 해 주신 음식 냄새가 퍼지자 배가 무진장 고파집니다. 형도 일찍 와서 같이 저녁을 먹으면 참 좋을 텐데…….

"창호야, 형은 늦을 것 같응께 우리 먼저 먹자."

방에서 숙제를 하고 있는데 할머니가 부르셨어요.

어느새 다 차려진 밥상에는 할머니가 직접 만든 음식들이 가득했지요. 정말 얼마 만에 먹어 보는 제대로 된 반찬들인지…… 흰 김이 모락모락 올라오는 밥을 숟가락으로 듬뿍 떠 먹었습니다. 똑같은 전기 밥솥으로 한 밥인데 제가 할 때랑 어쩜 이렇게 맛이 다를까요.

그런데 그때 형이 현관 문을 열고 들어왔어요. 웬일로 형이 일찍 왔네요.

"우리 은호 왔냐? 아유, 그렇잖여도 너도 같이 먹으면 좋을걸, 하고 야그하던 중인데 잘됐다. 어여 와 밥 먹자."

할머니가 저보다 더 반갑게 형을 맞았습니다. 일하느라 힘들어하는 형을 안쓰러워하시더니 이렇게 상을 차려 함께 밥을 먹을 수 있다는 것이 좋으셨나 봅니다.

"할머니, 오늘은 몸이 좀 나아지셨어요? 그래도 왜 더 누워 계시지 않고 일어나셨어요. 제가 해도 되는 일인데."

역시 형은 할머니 걱정을 먼저 합니다. 형은 반찬으로 먹을 구운 김을 한 봉지 사 왔습니다. 그렇지만 구운 김보다는 할머니가 해 주시는 음식이 훨씬 맛있잖아요. 나는 매일매일 할머니가 이러시면 좋겠습니다.

"형은 암튼 먹을 복이 많다니까. 어떻게 딱 맞춰서 일찍 오냐."

"그래, 돼지띠라서 먹을 복이 넘친다, 넘쳐. 왜, 불만이야?"

형은 그러면서 내 머리를 콩 쥐어박고는 점퍼를 걸기 위해 방으로 들어갔습니다. 치, 형은 툭하면 꿀밤을 준다니까요.

모처럼 세 식구가 모인 저녁상에서 우리들은 맛있는 저녁 식사를 했습니다. 모두 다 할머니 덕분이었지요. 성섭이는 할머니가 안 계셔서 이런 기분을 못 느꼈을 겁니다. 할아버지가 아니라 할머니와 같이 살아서 정말 다행이에요.

나는 형에게 성섭이네 얘기를 해 주었습니다. 놀이터에서 신나게 놀았던 일부터, 집에 놀러 갔는데 어찌나 컴컴하고 지저분했는지 우리 집이 천국같이 느껴졌다는 것, 성섭이에 비하면 형이랑 할머니가 계신 나는 참 가진 게 많다는 그런 얘기를 신나게 했죠.

"성섭이네 엄마 아빠는 집을 나가서 어디 계신지도 모른대. 성섭이가 너무 안됐어."

"요새는 살기 어렵다고 집을 나가는 에미 애비가 그렇게나 많다냐. 그 어린 것들, 어떻게 크라고 팽개치고 나간다니. 독허기도 하지, 가엾은 애덜이 무신 죄라고……."

내 얘기를 듣던 할머니가 혀를 끌끌 차며 한마디 하셨습니다. 우리도 할머니가 아니었다면 보육 시설에 보내졌을지도 모릅니다. 어쩌면 형하고도 떨어졌을지도…… 할머니가 이렇게 옆에 계시는 것만으로도 감사하다는 생각이 진심으로 들었습니다.

"할머니, 이제 그만 들어가 쉬세요. 갑자기 많이 움직였다가 또 아프면 어떡해요. 얼른 들어가요."

갑자기 할머니 걱정이 된 나는 할머니를 방으로 떠밀었습니다. 저녁밥을 푸짐하게 먹는 것보다 할머니가 우리랑 같이 계시는 게 더 중요한 일이었으니까요. 괜히 집안일 한다고 힘들었다가 더 아파지시면 안 되잖아요.

"그래요, 할머니. 상 치우고 정리하는 건 저희가 할 테니까 그만 들어가 쉬세요. 가만히 앉아서 쉬시는 게 우리를 도와주시는 거라니까요. 네?"

우리한테 할머니는 엄마 아빠 이상인데, 그런 할머니가 오래오래 우리 옆에 같이 있어야 하잖아요.

"녀석들도 원…… 그래, 이 할미는 그만 들어갈란다. 니들 말대로 내가 아파서 누워 있으면 약값 들고 더 힘들게 하는 것이니께. 설거지 깨끗이들 혀. 내가 손 안 대니께 집안에 땟국물이 흐르잖여. 뽀득뽀득하게 그릇 닦고 집도 싹 치워 놔라. 시커먼 사내 녀석만 둘이니 집 꼴이 엉망이야, 엉망."

"아이 참, 염려 마세요. 할머니보다 더 깨끗이 할 테니까, 걱정 붙들어 매시고 누우시라니까요."

할머니는 미덥지 않은지 몇 번이나 당부를 하면서 방으로 들어가셨습니다. 할머니의 잔소리가 다시 시작되었습니다. 형의 잔소리에 맞먹는 잔소리의 고수는 바로 우리 할머니라니까요. 그런데 오늘은 그 잔소리가 반갑기까지 합니다.

"내가 부엌을 맡을 테니, 창호 네가 방 청소 해. 너 벽에 붙여 놓은 코딱지랑 껌도 다 떼어 놔."

형이 고무장갑을 끼면서 명령합니다. 할머니가 들어가시니 형이 할머니 대신입니다. 이거 해라, 저거 해라, 어리다고 이렇게 부려 먹어도 되는 거예요?

"벽에 슥 문혀 두면 모를 줄 알았어? 인마, 너 머리맡으로 새까만 코딱지가 몇 개나 붙어 있더라. 암튼 더러운 녀석이야. 휴지로 닦아 버려야지, 그걸 그렇게 붙여 두냐? 거기 껌도 있지? 다 떼어 내!"

투덜투덜 방으로 들어가는 내 등 뒤에다 대고 형이 한참 잔소리를 합니다.

"껌은 뒀다 씹을 거란 말이야. 잘 놔두려고 그런 건데, 왜!"

"너는 코딱지랑 나란히 있던 껌을 씹고 싶냐? 어유, 더러운 녀석. 너하고 한 방에서 잘 수가 없겠다."

형이 그릇의 물을 튀기면서 설거지를 하며 또 잔소리를 합니다. 형도 뭐 그렇게 깨끗한 사람은 아닌데도 잘난 척이네요. 요새는 춥다고 집에서 샤워하는 모습을 본 적이 없는데 말이죠.

형이 그릇들을 정리하는 동안 나는 방을 쓸고 닦았습니다. 할머니가 누워 계신다는 핑계로 우리 또한 제대로 치우지 않아 여기저기 물건들이 마구 쌓여 있었습니다. 봄이 온 것도 아닌데 봄맞이 대청소를 하는 것처럼 열심히 청소를 했죠. 벽에 붙은 코딱지와 껌도 물론 말끔히 떼어냈습니다.

3 가족의 행복

청소를 모두 끝내고 나니 개운한 기분이었습니다. 형도 고무장
갑을 벗고 방으로 들어오더니 제법 깨끗하게 치웠다고 칭찬했습
니다.

"이러니까 사람 사는 집 같다. 형이 늦게 들어오고 신경 못 쓴다
고 너마저 이렇게 어지르기만 하면 어떻게 하냐, 응? 깨끗하니 좀
좋아?"

형은 그러면서 또 내 머리에 꿀밤을 쥐어박으려고 손을 들었습

니다. 나는 잽싸게 형의 손을 피했지요. 형과 같이 산 게 몇 년인데요. 이 정도 눈치와 순발력은 기본 아니겠어요?

"히히, 못 때렸지? 내가 뭐 만날 맞아 줄 줄 알고?"

그러면서 형을 보고 '메롱' 했지요. 그런 내 모습이 우스운지 형이 깔깔거렸습니다.

"나 이 정도면 청소 전문 박사 해도 될 것 같지 않아? 가만, 장래 희망을 바꿔 볼까? 청소 용역 전문가 김창호, 어때? 아참, 그럼 첫 손님으로 성섭이네 집을 청소해 줘야겠다. 짜식 집이 얼마나 더러운지."

"아까 말한 애 말이야? 할아버지와 둘이 산다는 그 애?"

"응, 걔 보니까 나는 정말 행복한 사람이더라고. 너무 안됐어."

성섭이 얘기가 나오자 형의 얼굴이 심각해졌습니다. 형의 저 표정은 무슨 생각을 깊이 하고 있을 때의 모습이지요. 또 무슨 심각한 말을 꺼낼 게 틀림없습니다.

"사회학적으로 말이지, 사회를 구성하는 가장 기본은 뭘까?"

역시나 사회학 전문가인 우리 형은 사회학적인 생각을 하고 있었나 봅니다. 그런데 성섭이네 얘기하다가 갑자기 사회학은 왜 튀어나오는 거냐고요.

"뭐…… 사회도 사람이 있어야 만들어지는 거니까 사람 아니 겠어?"

나는 깊이 생각할 것도 없이 그냥 대꾸했습니다. 형의 질문에 정답을 맞힌 적은 한 번도 없었기 때문에 골똘히 생각해 봐야 소용없으니까요. 형은 초등학생 수준을 너무 높게 봐서 문제라니까요. 이건 절대 내가 단순해서 그런 게 아니라는 말이죠.

"보통은 너처럼 사람이라고 생각하겠지만 콩트는 진정한 사회적 단위를 가족이라고 생각했어. 가족이 사회의 출발점이라니…… 좀 특이한 주장 같지 않니? 콩트는 사회 구성 단위를 필요하다면, 최소 단위인 부부까지로 볼 수 있다, 이런 말도 했어. 생각해 보면 이런 콩트의 주장이 맞는 말인 것 같아."

"그럼 우리는 가족이 아닌 거야? 구성 단위가 부부라면, 엄마 아빠가 없는 우리는 뭐야?"

우리처럼 할머니와 사는 사람들, 아이들만 있는 집들은 그럼 가족에 속하지도 않다는 건가? 그런 주장에 대해 나는 이해가 가지 않았습니다. 형은 차분히 이런 대답을 했죠.

"사람은 혼자 생겨나는 것이 아니잖아. 남자와 여자가 만나고, 사랑해서 아이들이 생기고, 그렇게 가족이 되는 거지. 그러니까 사회 구성 단위는 한 사람, 한 사람이 아니라 두 사람이 만나 이루어진 가족으로 보는 게 맞는 것 같아. 그렇지만 가족이란 것이, 네가 생각하는 것처럼 부모와 자녀가 모두 갖춰진 그런 집만을 의미하는 것은 아니야. 부모 없이 태어나는 사람은 없잖아? 누구나 부모는 있어. 이런저런 사정으로 부모와 같이 있지 못할 뿐이지. 콩트가 말한 구성 단위는 한 집에 모여 사는 모든 가족을 말하는 걸거야. 우리처럼 할머니와 형제만 살고 있는 집도 당연히 가족이지."

"그런데 갑자기 가족 얘기는 왜 하는데?"

이런 말이 나온 이유가 궁금해진 내가 물었습니다. 형이 괜히 말을 꺼낸 건 아닐 테니까요.

"아, 성섭이네 집엔 할아버지하고 성섭이만 산다고 해서 생각난 거야. 콩트가 말했던 '여성의 힘'이 떠올라서 말이야."

"여성의 힘?"

가족 얘기도 이상한데 거기에 여성의 힘이라니요. 암튼 형은 생각이 너무 복잡하다니까요.

"사회의 기본 단위가 가족이니까, 각각의 가족이 안정돼야 사회가 튼튼해지지 않겠니? 그런 의미에서 콩트는 가족이 행복하려면 여성의 역할이 아주 중요하다고 말했어. 콩트 말이 틀린 것 같지는 않아. 네 친구 성섭이 네도 집안에 여자가 없어서 더 힘든 상황이 된 것 아닐까, 그런 생각이 든다."

"콩트라는 사람이 성섭이네 집에라도 와 봤대? 어떻게 그렇게 잘 알았을까?"

그렇잖아도 성섭이네 집에 다녀와서 우리 할머니가 얼마나 큰 자리를 차지하고 있는지, 그 소중함을 다시 한 번 느꼈었는데 콩트도 그런 말을 했다니 신기했습니다. 유명한 사회학자라고 하더니 아는 게 많긴 많나 봐요.

"콩트는 사회가 완성되기 위해서는 여성의 도움이 필요하다고 했단다. 여성은 모든 인간 활동을 조절하는 도덕적인 힘을 제공한다고 생각했어. 여성은 사랑할 줄 알고 사랑의 감정을 불러일으킨다고 생각했어. 그래서 여성이 가진 그 사랑으로, 사회성을 우세하게 가져야 한다고 콩트는 주장했지. 남을 배려할 줄 알고, 자신의 이익만 내세우지 않으며 사회의 공론을 생각하는 마음 말이야. 참 이상적이지?"

형이 여성의 사랑, 어쩌고 얘기하니 정말 우스웠습니다. 고등학교 때도 형의 친구들은 여자 친구랑 영화도 보러 가고 데이트도 하고 그랬지만, 형은 여자 친구가 없었으니까요. 여자라고는 할머니밖에 모르는 형이 무슨 여성의 힘을 안다고 하는 건지⋯⋯.

"에이, 형이 뭐 여자를 안다고! 형, 애인 생겼어? 아니, 아는 여자 한 명이라도 있어?"

사회와 여성

내가 형을 놀리듯 말하자 형의 얼굴이 발갛게 달아오릅니다.

"언제 내 말이래? 콩트가 그랬다는 거지."

형은 말 한마디도 못하고 얼굴만 붉히네요. 너무 순진한 청년이라니까요.

"콩트는 남자 아냐? 남잔데 어떻게 여성의 힘을 생각했을까?"

"바로 콩트의 연애 경험에서 나온 거라고 할 수 있지. 콩트가 40대였을 때 드로라는 한 여자와 진실한 사랑에 빠졌었는데, 그게 처음으로 느낀 사랑이었대. 그런데 그 여자는 3년 뒤 병으로 죽고 말았어. 그때의 경험이 여성의 위대함을 생각하게 만들었던 거야. 역시 사랑의 힘은 위대하지?"

"그렇구나. 진짜 사랑은 위대한가 봐. 음악가도 사랑에 빠졌을 때 좋은 작곡을 하고, 다른 예술가들도 사랑할 때 멋진 작품을 만든다잖아. 철학자도 사랑을 하니까 대단한 철학을 생각해 내네. 역시…… 사랑은…… 캬!"

"아직 머리에 피도 안 마른 녀석이!"

내가 알은체를 하며 사랑이 어쩌고저쩌고 하니 형이 또 머리를 콩 쥐어박았습니다.

"아이, 아프단 말야. 형 때문에 뇌 세포가 자꾸 죽는다고! 위대한 철학자가 될지도 모르는 꿈나무를 이렇게 쥐어박아도 되는 거야?"

"오호, 꿈나무? 만날 잠만 자면서 꿈꾸는 것도 꿈나무는 꿈나무지. 그럼그럼."

치, 형이 놀려 먹네요. 지금 잠 많이 잔다고 철학자 못되란 법 있나요?

"일단 이 형이 먼저 사랑을 해 본 다음에 얘기해 줄 테니 너는 기다려. 찬물도 위아래가 있는 법이니까. 알았어?"

"흥! 형 기다리다가 할아버지 되게? 여자 앞에서 고개도 못 드는 형이 어떻게 여자 친구를 만들겠어? 괜히 창창한 꿈나무의 앞길이나 막지 말라고."

"이 녀석이 점점 형하고 맞먹네. 인마, 너 기저귀에 똥 싸고 있을 때 나는 2차 방정식을 풀고 있었단 말이다. 조그만 녀석이, 떽!"

4 여성의 힘!

형과 나는 한참을 말장난 같은 싸움을 하다가 그만 웃어 버렸습니다. 그래요, 나에게 형은 항상 산처럼 큰 사람이지요. 아빠 대신, 엄마 대신이죠. 아니 엄마 이상이기도 합니다.

"어쨌거나 그래서 콩트의 실증주의 사회학은 그 뒤로 사랑, 관대함, 도덕, 이런 감정을 중요하게 여기는 학문이 되었어. 콩트는 이기성에서 벗어나 사회성으로 가기 위해 가정이 필요하다고 주장했는데, 가정에서의 관계들을 통해 사회적인 인간이 될 수 있다고

나의 사랑이 가정의 사랑을 이루고

부부의 사랑이 후손을 이루는 사회!

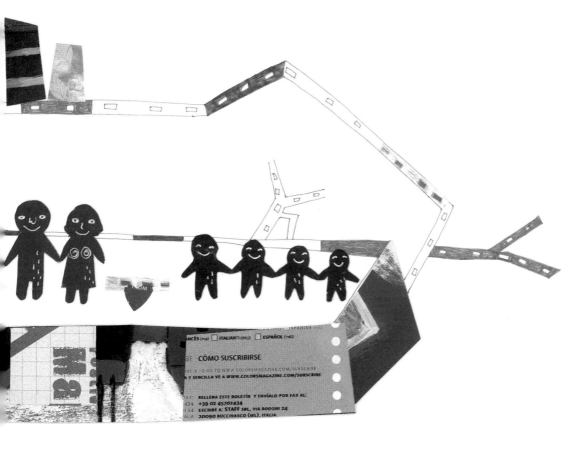

생각했지. 부모와 자녀, 조상과 형제에 대한 관계들이 사회성의 시작이라고 보았던 거야."

딴 얘기로 장난치던 형이 다시 콩트의 사회학을 정리했습니다. 한번 시작한 공부는 끝을 보는 우리 형. 콩트 얘기 나오니까 이번에도 이렇게 마무리를 지으려고 하네요.

"응, 알겠어. 사람이 태어나면서 가족과 처음 관계를 맺게 되니까 그렇다는 거잖아. 엄마와 아빠, 형제들……."

"그래 맞아. 가족과의 관계 다음, 두 번째로 콩트가 관심을 가진 건 부부간의 감정이야. 그 후 자녀를 갖게 되고 아버지가 되면 부성이라는 감정이 생기고, 이것은 후손을 사랑하는 법을 가르쳐 주게 되는 거지. 이것이 사회성을 향해 본격적으로 나가는 과정이 되는 거야. 콩트는 이런 과정을 통해 사람들 모두가 사회성을 갖추게 되어 부조리와 대립을 치유할 수 있기를 바랐지."

"그러니까 결국 서로 사랑하라, 그거 아니야?"

길게 말했지만 한마디로 정리하면 그거 아니겠어요? 서로 사랑하면 다 해결되는 거잖아요.

"네가 딱 맞는 말을 할 때도 있네? 웬일이냐? 네 말대로 콩트는 자신이 말한 실증주의 도덕을 모든 인류가 따라야 한다고 주장했단다. 사랑이야말로 인류를 행복하게 만드는 힘이라고 생각했던 거지. 콩트는 실제로 '인류교'를 세워 신도들에게 그런 자신의 신념을 설파하기도 했어."

고개를 끄덕이며 다 알겠다는 표정을 짓고 있는 나에게 형이 다시 한 번 말했습니다.

"그러니까 창호야, 우리 사랑하며 살자, 응?"

그러면서 은근한 목소리로 내 손을 잡으며 형이 얼굴을 가까이 댔습니다. 형의 그런 눈빛이 너무 우스워서 그만 낄낄 웃음이 터졌지요.

"이히히, 형, 느끼하게 왜 이래! 그런 건 결혼할 여자한테나 하는 거지. 그리고 그렇게 부담 백배, 버터 같은 눈길을 주면 여자들이 다 도망간다고! 연애 고수의 충고니까 새겨 두라고."

"왜, 내 눈길이 어디가 어때서. 자, 이만하면 영화배우 해도 되지 않겠어?"

형은 눈에 힘을 잔뜩 주어 두꺼운 쌍꺼풀까지 만들면서 나를 쳐다봤습니다. 형이 웃기려고 할 때 주로 쓰는 얼굴 표정이지요.

"악! 그건 공포야, 공포! 얼른 눈 풀어……."

내가 이불을 뒤집어쓰며 호들갑을 떨자 형은 깔깔거리면서 간지

럼을 태우는 것이었습니다. 나는 이불을 쓴 채로 형을 향해 돌진했지요. 한바탕 방에서 몸싸움을 하며 장난을 치는 우리들에게 할머니가 저쪽 방에서 소리를 치셨습니다.

"아니, 이 한밤중에 뭐하는 거여! 아랫집 사람들이 난리난 줄 알겠네. 다 큰 것들이 어린애들처럼 쿵쾅거리고 노는겨!"

장난을 너무 심하게 했나 봐요. 에이, 한창 재미있었는데. 할머니의 야단에 형과 나는 숨을 죽여 키득거리면서 가만히 이불을 덮고 누웠습니다.

자리에 누우니 형이 붙여 놓은 야광 별이 천장에서 반짝거리네요. 진짜 별은 아니지만, 깜깜한 천장보다는 훨씬 좋아요.

피곤했는지 형은 금세 곯아떨어졌습니다. 저쪽 방에선 간간이 할머니의 기침 소리가 들리고, 형의 숨소리도 귓가를 울립니다. 이런 소리들마저 좋게 들리네요. 우리 가족들의 소리……

나는 천장의 야광 별을 보며 엄마 아빠를 떠올려 봅니다. 제일 커다란 별 두 개를 붙여 주면서 형이 엄마 별, 아빠 별이라고 했던 것이 생각나네요.

'엄마 아빠 보세요. 우리 잘 살고 있지요?'

속으로 나직이 말하며 나는 눈을 감았습니다.

콩트의 사상과 시대적 배경

콩트의 사상을 이해하기 위해서는 시대적 배경을 이해해야 해요. 그래야만 콩트의 실증주의 철학의 의미와 내용, 그리고 왜 그가 사회학이라는 학문을 만들었는지를 알 수 있으니까요.

콩트가 살았던 19세기는 전통적인 시대가 끝나고 새로운 시대인 근대 사회가 본격적으로 발전하는 시기였어요. 계몽주의가 꽃을 피우고 실증주의가 모든 사회를 지배하던 시기에 사회학이 출현한 것이지요.

19세기 이전의 전통 사회는 암흑의 시대라고 불리는 중세 시대였어요. 사물을 판단할 수도 없고 이해할 수도 없는 암흑 말이에요. 중세를 어둡게 만든 것은 바로 가톨릭 교회였지요. 교황이 모든 것을 좌지우지했고 가톨릭은 종교, 정치, 경제, 사회 등 모든 권력을 장악했어요. 교황과 성직자가 사회의 모든 것을 소유했고, 그들의 말과 논리, 철학이 바로 사회의 진리가 되었답니다.

가톨릭 교회는 자신들만의 세계관, 종교관, 철학이 진리임을 주장하

기 위해 가톨릭 이외의 모든 것을 억압했어요. 자신들의 세계관이 무너지면 권력, 명예, 돈 등 전부를 잃게 되기 때문이었지요. 그래서 가톨릭 교회의 세계관이 잘못되었다는 것을 감추기 위해 일반 대중들은 책조차 읽지 못하게 되었습니다.

오직 가톨릭 교회로부터 허락을 받은 성직자, 지식인만이 책을 읽을 수 있었고, 그 책들도 교황의 허가를 받은 것들만 볼 수 있었답니다. 따라서 중세의 진리는 밝은 빛을 밝혀 주는 진리가 아니라 잘못된 진리, 어두운 진리였어요.

세상의 참된 진리는 어둠 속에 있었고, 대중들은 중세의 세계관과 철학이 잘못되었다는 것을 판단할 힘도, 능력도 없었지요. 그렇기 때문에 이 시대를 암흑의 시대라고 합니다. 암흑 속에서는 눈을 뜨고 있어도 사물을 구별하거나, 판단할 수도 없잖아요. 그래서 인간들은 무지몽매한 상태일 수밖에 없어지요. 중세 시대에는 온갖 미신과 비합리적이고 비객관적이며 비논리적인 사고와 철학이 난무했습니다.

하지만 이러한 중세 시대는 영원할 수 없었어요. 어둠에 갇혀 있던 잘못된 세계가 차츰 폭로되기 시작했죠. 그리고 신 중심적인 세계관에 도전하는 세계관, 철학이 등장하기 시작한 것입니다.

그 중심에 있었던 것이 바로 과학이었어요. 인간의 지식, 의지, 철학에 의해 과학은 발전하였고 과학이 인간의 삶을 향상시켜 주었습니다. 이제 대중들은 인간의 위대한 힘을 믿게 되었어요. 바로 인간이 가진 '이성의 힘'을 말이에요.

 이러한 이성 중심의 시대를 우리는 계몽주의 시대라고 부른답니다. 계몽이란 말은 무지몽매한 상태에서 벗어나 진리를 깨우치는 것을 뜻합니다.

물질보다 중요한 건

1. 시험 잘 보면 뭐해
2. 나도 갖고 싶어!
3. 마음의 부자
4. 치마 속 할머니 돈

 인간은 항상 이기적이어서 신이 살려 주는 것밖에는 구원받을 방도가
없다.

—콩트

1 시험 잘 보면 뭐해

아침에 일어나 보니 형은 벌써 출근하고 없었습니다. 나는 누가 깨워 주지 않아도 혼자 일어나는 것이 습관화되어 있어요. 그렇지만 형은 나보다 일찍 나가기 때문에 일어나면 항상 나 혼자라서 조금 외롭기도 합니다.

닫혀 있어도 바람이 솔솔 들어오는 창문으로 밖을 내다봤습니다. 이 정도면 모자까지 쓰진 않아도 되겠어요. 집안에 앉아서 바깥 기온을 가늠하는 내 예상은 한 번도 틀린 적이 없답니다.

자, 이제 일어나서 하루를 시작해야겠지요? 시험도 얼마 안 남았는데, 그래도 열심히 하는 척은 해야 할 테니까요. 일찍 학교 가서 수학 문제라도 좀 풀어 봐야겠습니다.

나는 방에서 나와 할머니의 방문을 열어 보았습니다. 어, 이렇게 일찍 할머니는 어디를 가셨을까요? 이불은 벌써 개켜져 있고, 할머니는 어디에도 보이지 않습니다. 몸이 조금 괜찮아지셨다고 벌써 밖으로 돌아다니시는 거 아닌가 모르겠어요. 그러다 또 병이 나시면 어떻게 하려고…….

말없이 할머니가 나가신 것에 슬쩍 화가 올라오려고 합니다. 제발 가만히 집에만 계셨으면 좋겠는데 말이에요. 종이 박스를 주우러 나가신 게 틀림없어요. 이제 할머니가 그런 일을 하지 않아도 되는데, 아이 참, 할머니가 손자 걱정하게 만들고 말이에요.

부엌 앞에 상보가 덮인 밥상이 보였습니다. 새벽같이 나가시면서 밥을 차려 두고 가셨나 봐요. 나는 얼른 세수를 하고 학교 갈 채비를 했습니다. 책가방을 현관 앞에 놔두고, 이제 나가기만 하면 되는 거죠.

나는 할머니가 차려 주신 밥을 혼자 먹고는 그릇들을 싱크대에 넣어 두었습니다. 먹은 그릇에 물을 부어 놓지 않는 걸 할머니는 제일 싫어하시거든요. 밥알이 딱딱하게 굳어서 설거지하기 힘들다고요.

가방을 메고 문을 여니 찬바람이 기다리고 있었다는 듯 휘익 집 안으로 들어옵니다. 나는 문을 잘 잠그고 계단을 내려갔지요. 역시 모자를 쓸 정도로 추운 날은 아니네요.

"창호지! 야, 창호지!"

누군가 부르는 소리에 고개를 돌려 보니 희수였어요. 희수는 우리 집 옆 골목에 사는 앤데, 이 골목에서 제일 멋있는 집에 살아요. 마당도 넓고, 정원은 물론 그네가 매달려 있는 나무도 있어요. 커다란 개도 한 마리 있답니다. 내가 아는 희수네 집의 모습은 그게 다예요. 대문 밖에서 본 게 전부니까요. 희수의 집에 갈 수 있는 아이는 희수의 선택을 받은 애들뿐이랍니다. 집에 데려가는 건 주인 맘이니까 당연한 거지만, 자기 맘에 드는 애들만 골라서 초대하는 건 좀, 밥맛이에요.

애들은 희수네 집에 가 보고 싶어서 그 애의 맘에 들려고 여간 애쓰는 게 아니랍니다. 먼저 가 본 애들이 집 안에 화장실이 세 개나 있다는 둥, 이층으로 올라가는 계단이 엄청 근사하다는 둥, 희수 엄마가 쿠키를 만들어 주셨다는 둥, 이런저런 자랑을 하기 때문이에요.

희수가 자랑하지 않아도, 다른 애들 입을 통해 자랑이 퍼진다니, 그것도 밥맛이에요. 희수 녀석이 드러내 놓고 잘난 척을 하지 않아도 저절로 잘난 녀석이 돼 버리잖아요.

서로 희수네 집에 가고 싶어서 친한 척하는 꼴들도 웃긴다니까요. 나 김창호는, 절대 그러지 않아요. 그런 유치한 경쟁에 낀다니, 자존심 구겨지잖아요?

그래서 바로 옆 골목에 살고 있지만 한 번도 그 애의 집 안을 본 적이 없답니다. 뭐, 들으나마나, 으리으리하겠죠. 희수네 아빠가 사장님이라니까 얼마나 부자겠어요. 우리 형은 대리도 과장도 아닌데 말이에요.

"너 시험 공부는 좀 하고 있냐?"

내 옆으로 와서 걷던 희수가 묻네요. 같이 가고 싶지 않은데 왜 옆에 붙고 난리람.

"그냥 그렇지 뭐."

내가 시큰둥하게 대답하자 희수가 말했습니다.

"시험은 내가 보는 건데 우리 엄마가 더 열심이시다. 공부하라고 쌓아 놓은 문제집만 벌써 네 권이 넘어. 그걸 언제 다 풀지 걱정이야."

희수의 엄마는 보통 열심이 아니랍니다. 그건 벌써 학교에도 소문이 파다한 일이었죠. 학교 앞에 차를 놓고 기다렸다가 학원으로 바로 데려가는 일도 자주 있습니다. 학교에서 만나는 어른 중에 선생님 다음으로 많이 보는 것이 희수 엄마일 정도라니까요. 그러니 희수의 성적에도 관심을 쏟는 게 당연하겠지요. 물론 희수는 그 덕분인지 성적이 꽤 높은 학생이랍니다.

"참, 근데 이번 시험 잘 보면 아빠가 나 휴대전화 사 주신다고 했다. 만점 받는 건 좀 무리고, 다 합해서 틀린 개수 3개만 넘지 않으면 사 주신대. 예전부터 갖고 싶었던 건데 꼭 받을 수 있으면 좋겠어. 너는 시험 잘 보면 뭐 사 주신대?"

사 주긴 뭘 사 주겠어요? 형이 월급 받아서 생활하는 것도 빠듯한데 선물을 어떻게 기대하냐고요. 희수 녀석이야 부자라서 비싼 휴대전화고 뭐고 다 사 줄 수 있겠지만, 우리는 형편이 다르잖아요.

그냥 하는 말인데도 나는 괜히 희수가 얄미워서 심술이 났습니다.

"학생이 공부해서 시험 잘 보는 건 당연한 일이잖아. 그런데 무슨 선물을 받냐?"

그런 생각은 추호도 하지 않았으면서-원래 시험 잘 보는 것에 대해 뭐 좀 생기는 게 당연하다고 생각하고 있었지만-희수에게 그렇게 대꾸해 버렸습니다. 내가 퉁퉁거리니까 희수는 더 이상 할 말이 없는지 저 앞에 가고 있는 다른 친구의 이름을 부르며 달아나 버렸지요.

사실 우리 반에 휴대전화를 가지고 다니는 친구가 몇 명 있거든요. 애들이 한 번씩 자랑할 때마다 나도 얼마나 갖고 싶었는데요. 엄마가 쓰던 휴대전화를 받은 애도 있지만 요즘 나온 최신형 디카폰을 가지고 있는 애도 있거든요. 친구들하고 얼굴 맞대고 사진 찍는 걸 보면 정말 부러워요. 나도 폼 나게 휴대전화 하나쯤 갖고 싶더라고요.

제가 공부 잘하는 학생은 아니지만 가끔 재수 좋게 시험 점수가 잘 나올 때도 있거든요. 그렇지만 그럼 뭐해요. 형은 그냥 잘했다고 한마디 하는 게 다인걸요. 말로만 때운다니까요. 지금까지 시험 잘 봤다고 탕수육 한 번 얻어 먹은 게 다예요. 그것도 얼마나 생색을 내면서 사 줬는데요.

우리 할머니로 말할 것 같으면, 형보다 더 지독해요. 예전에 웬일로 수학을 100점 맞은 적이 있거든요. 솔직히 나도 놀랐다니까

물질이 마음을 움직일 때도 있지만
물질이 전부는 아니다.

요. 100점을 다 받다니!

그런데 그때도 형은 잘했다는 한마디는 해 줬는데, 할머니는 아는 척도 안 하시는 거예요. 어쩜! 집안 분위기가 이러니 공부하고 싶은 마음이 생기겠어요? 회사 다니는 사람들도 일하면 월급을 받는데, 학생들도 공부 잘해서 점수 잘 받으면 뭐 좀 대가가 있어야 하는 것 아니냐고요.

아침부터 희수가 속을 긁어 놓아서 그랬는지 그날은 종일 운이 좋지 않았습니다. 복도에서 뛰었다고 선생님한테 야단맞고, 짝한테 두 번이나 꼬집히고, 운동장으로 나갔다가 축구공에 머리통까지 맞았다니까요. 암튼 희수 녀석은 내 인생에 도움이 안 돼요.

2 나도 갖고 싶어!

학교 끝나고 집에 갔더니 아무도 없었습니다. 할머니는 아침에도 안 계시더니 지금까지 안 돌아오고 뭘 하실까요? 나는 냉장고를 열어 먹을 것이 없나 찾아봤습니다. 학교에서 급식을 먹고 오는데도 꼭 집에 오면 배가 고프더라고요.

피, 냉장고에도 별로 먹을 건 없네요. 아쉬운 대로 우유를 꺼내 벌컥벌컥 들이켰습니다. 차가운 우유가 배 속에 들어가니 몸이 더 차가워지는 것 같았어요. 나는 방으로 들어가 따뜻한 바닥에 배를 깔고 누웠습니다. 오늘 같은 날은 밖에 나가기도 싫어요. 나가 봐야 여느 때처럼 애들은 학원을 가서 없을 테고, 혼자서는 할 일도 별로 없잖아요. 더구나 지금은 기분도 좋지 않거든요. 우리 집은 왜 이렇게 가난할까…… 그런 생각만 머리에 차올랐습니다.

"창호야, 저녁 먹고 자야지, 야가 초저녁부터 웬 잠을 퍼잔다냐? 얼릉 인나!"

언제 들어오셨는지 할머니가 내 엉덩이를 펑펑 두들기면서 깨우시네요. 부스스 눈을 뜨고 밖을 보니 깜깜해져 있습니다. 우유 마시고 누운 것까지는 기억이 나는데, 그동안 깜박 잠이 들었나 봅니다.

"너 시험이 낼모레라고 안 그렸어? 이렇게 잠만 퍼자서 워떻게 시험 볼껴. 잉?"

할머니의 몸이 확실히 좋아지셨나 봐요. 엉덩이를 때리는 손 힘이랑 목소리가 예전이랑 똑같아요. 할머니가 건강해지신 건 좋지만, 어떻게 왕 잔소리를 다시 듣고 살라고요…….

"아이 참, 알았어요, 알았어. 무슨 목소리가 이렇게 크담."

나는 투덜거리면서 자리에서 일어났습니다. 오후부터 저녁까지 늘어지게 잤으니까 대신 밤에 늦게까지 공부 좀 해야겠어요.

할머니와 단둘이 저녁을 먹고 나는 밥상을 닦아 방으로 들고 왔습니다. 내 책상이 바로 이 밥상이거든요. 방도 좁고 돈도 없는 형편이라 책상이 따로 없거든요. 상 하나로 공부도 하고 밥도 먹지요. 일석이조, 다용도 밥상!

내가 다 쓰고 나면 또 우리 형이 이 상을 쓴답니다. 밤늦도록 책을 보는 게 형의 취미라서요. 참 이상한 취미지 뭐예요. 일하는 것도 힘들 텐데, 독서까지 하다니요.

어쨌건 지금은 내가 이 상을 써야 합니다.

한참 문제집을 풀고 있는데 형이 들어오는 소리가 났습니다.

"형! 이제 와?"

"은호 오냐? 어여 씻고 쉬어. 월매나 피곤하것냐."

할머니는 형이 오는 걸 보면서 한마디 하고 다시 방문을 닫습니다. 할머니도 오늘 피곤하신지 일찍 주무시려나 봐요.

"야! 네가 웬일이냐? 자발적으로 문제집을 다 풀고?"

밥상, 아니 내가 책상에 앉아 있는 모습이 신기했는지 형이 눈을 동그랗게 뜨고 물었습니다.

"나도 이번 시험엔 올백 한번 받아 보려고. 형 그러면 나한테 뭐 사 줄 거야?"

"네가 올백을 맞겠어? 하하하. 네가 올백이면 반 평균이 100점이겠지."

"뭐야, 무시하는 거야? 나도 한다면 한다 이거야. 두고 보라고."

형이 나를 놀리는 것 같아 은근히 오기가 났습니다. 나도 못하란 법은 없으니까요.

"진짜로 내가 올백 맞으면 어떡할래? 휴대전화 사 주기, 어때?"

"네가 열심히 해서 올백 맞으면 형도 무진장 기분 좋을 거야. 그렇지만 휴대전화 사 주기 약속은 못하겠다. 너무 비싸잖아."

올백을 맞으면 휴대전화 사 주기, 그건 제가 생각해도 무모한 도전이긴 하죠? 그래도 나는 내심 올백씩이나 받는다면, 형이 저한테 휴대전화 하나 사 주겠다는 약속할 줄 알았어요. 올백이 보통 어려운 거냐고요? 3개를 틀려도 휴대전화가 생길 희수에 비하면, 진짜 내가 밑지는 장사 아니냐고요.

"아무리 비싸도 그렇지! 학원도 하나 안 다니는 동생이 올백 맞으면 그 정도는 해 줄 수 있는 거 아니야? 너무 하잖아!"

나는 갑자기 서운한 마음이 들어 왈칵 눈물까지 나올 뻔했습니다. 희수뿐 아니라 다른 집 애들도 시험만 잘 보면 생길 게 얼마나 많은데요.

"어쩔 수 없잖아. 형 월급이 그렇게 넉넉지가 못해. 우리도 열심히 돈 모아서 옥탑방보다 따뜻한 데로 이사도 가고 그래야 하지 않겠어? 갖고 싶은 거 다 사고 쓰고 싶은 거 다 쓸 수 있는 형편이 아니잖아."

"치! 다른 애들은 자전거도 있고, 게임기도 있고, 인라인 스케이트도 있는데. 나는 아무것도 없잖아! 나는 왜 이렇게 가진 게 없냐고!"

"갖고 싶다고 어떻게 다 갖겠니. 너 속상한 거 알아. 네가 이해해 줘라. 형도 속상해. 응?"

"엄마 아빠도 없고! 왜 나만 이러냐고! 엄마 아빠만 있어도 이러진 않을 거야!"

3 마음의 부자

그럴려고 그런 건 아닌데 말을 하다 보니 나를 달래는 형의 말도
귀에 들리지 않고, 갑자기 설움만 솟아올랐습니다. 형한테 이러면
안 되는 건데, 알면서도 이런 말을 할 데가 형밖에 없었습니다. 형
의 마음도 아플 걸 알면서⋯⋯.

"할머니도 계속 편찮으셨고 형이 일을 시작한 지도 얼마되지 않
았잖아. 지금 우리 형편으로는 휴대전화 같은 거 사는 건 무리야.
매달 이용 요금도 내야 하는데, 몇만 원씩이나 꼭 필요하지도 않

는 데에 쓸 수는 없지 않겠어? 물질이 사람을 행복하게 하는 건 아니잖아. 우리 가족이 이렇게 모여서 서로를 위해 주는 마음이 얼마나 소중한 일이니?"

형은 내 머리를 쓰다듬으며 말했습니다.

"형이 더 많이 해 주지 못해서 미안하다. 창호야, 형이 어서 돈 모아서 너 갖고 싶은 거 다 해 줄게. 조금만 참자."

형한테 이런 투정을 부려서는 안 되는 거였습니다. 형은 나랑 할머니 때문에 가고 싶은 대학도 포기하고 공장에 다니는 건데 말이에요. 1등을 해도 누구에게 선물을 받아 본 적이 한 번도 없었던 형이었지요. 저는 형이 탕수육을 사 주기도 했는데 말이에요. 나는 도리어 형에게 미안한 마음이 들었습니다.

"기다리면 진짜로 형이 좋은 거 많이 사 줄 거야? 휴대전화도? 컴퓨터도?"

"그래, 형이 과장 되면 진짜로 사 줄게."

"근데 형은 휴대전화 회사 다니면서 휴대전화 하나도 못 가져 와? 공장에 그렇게나 많으면서? 하나만 얻어 오면 안 돼?"

"녀석아, 그건 우리 게 아니잖아. 우리 게 아닌 걸 가지면 안 되지. 형은 네가 물질보다 마음의 가치를 더 높이 생각했으면 좋겠어. 콩트도 그런 얘기를 했단다."

또 형이 좋아하는 콩트가 나오네요. 이번에는 무슨 얘기를 하려고 그러는 걸까요?

"사회에 대한 연구를 하면서 당시 학자들은 물질적인 힘만을 강조했거든. 다른 이론가들은 자본주의의 등장이나 산업 사회의 출현에 대해 설명할 때 기계의 발전, 과학의 발전, 경제 구조의 변화 등에 더 관심을 두었어. 사회의 외형적인 구조 변화가 자본주의, 산업주의 사회를 출현시켰다고 생각해서 경제적 분석, 물질적 분석을 중시했던 거야. 그런데 콩트는 그런 것에서 벗어나 정신적, 도덕적인 영향력을 강조했지. 콩트는 사회의 기본은 가정, 그리고 가정에서의 화목이 가장 중요하다고 주장했잖아. 그런 것은 물질적인 것에 있는 것이 아니라 사람들의 마음에 있다고 생각했던 거야. 꼭 부자가 행복한 것은 아니잖니? 가진 것이 별로 없어도 얼마든지 행복할 수 있어."

형은 콩트에 대해 아는 것도 참 많지요? 그런데 형의 얘기를 듣다 보니 콩트가 아주 좋은 철학자라는 생각이 듭니다. 맞는 말만 골라서 하는 것 같고 말이에요. 서당개 삼 년이면 풍월을 읊는다죠? 이러다 나도 콩트 박사가 될 것 같습니다.

"알았어, 알았다고. 그깟 휴대전화 안 갖는다 뭐! 물질보다 정신, 예썰!"

나는 장난스럽게 손을 머리에 갖다 대면서 경례 자세를 취했습니다. 얼른 형의 입을 막아야 머리 아픈 얘기 더 안 들을 테니까요.

"아, 근데 너 올백 맞을 거라며? 그럼 지금 이럴 시간이 어디 있냐? 한 문제라도 더 풀어야지. 형도 옆에서 공부할 테니 너도 같이 하자. 알았지?"

형은 그러면서 씻고 온다며 욕실로 갔습니다. 성적 잘 받아도 생길 건 없지만, 그래도 성적이 좋으면 나한테 좋은 거겠지요. 누구 좋으라고 공부하는 건 아니니까 말이에요. 나는 다시 한 번 마음을 다지고는 연필을 불끈 쥐었습니다. 김창호, 파이팅!

물질의 힘<가정의 힘

4 치마 속 할머니 돈

다음 날 오후가 되었습니다. 어젯밤 늦게까지 책을 봤더니 좀 피곤하네요. 집에 가 봐야 아무도 없겠지요? 나는 어깨를 늘어뜨린 채 문을 열었습니다.

"창호 오냐?"

어, 할머니가 계시네요. 오늘은 안 나가셨나 봅니다.

"어제 늦게 자더니만 용케 일어나 학교는 댕겨왔구먼."

"당연하죠. 제가 얼마나 부지런한 학생인데요."

"그려, 니가 애비를 닮아서 아침잠이 없는갑다. 니 애비는 아무리 한밤중에 자도 다음 날이면 새벽같이 일어났었지. 그렇게 부지런했는디……."

할머니는 이렇게 가끔 아빠 생각이 나시나 봐요. 특히 나랑 어떤 점이 닮았다는 얘기를 하실 때 꼭 눈물을 글썽거리신다니까요. 그래서 나는 할머니가 아빠 얘기하는 게 좋지 않아요. 괜히 눈물나게 만드니까요.

"아이고, 내 정신 좀 봐라. 창호야, 어두워지기 전에 나랑 어디 좀 댕겨오자."

갑자기 생각나신 듯 할머니가 일어섰습니다. 어디를 가시려고 그러시는 걸까요?

"어디를요? 설마 목욕탕에 가자고 그러시는 건 아니겠죠?"

우리 할머니는 내가 열 살일 때도 여탕에 데리고 가려 하셨거든요. 내 나이가 몇 살인데, 이렇게 큰 남자애가 여탕엘 따라가겠어요? 내가 더 큰 뒤로는 목욕탕에 혼자 다니셨지만 가끔 장난처럼 끌고 가려 하신답니다. 등 밀어 줄 사람이 필요하다면서요.

"예끼, 너처럼 시커먼 사내놈이 어디 여탕엘 올려고 그랴? 거 휴대전화인지 뭔지, 그거 사러 가자고 그러는 거여."

"휴대전화? 할머니 휴대전화 사려고?"

"내꺼 말고 니눔 거 말이다."

"나? 내 휴대전화를 사 준다고요? 할머니 돈 많아?"

할머니의 말에 나는 놀라서 눈을 크게 떴습니다. 할머니가 무슨 돈이 있다고 그 비싼 휴대전화를 사 주신다는 거지요?

"어제 너랑 형이랑 하는 얘기 다 들었다. 할미도 너한테 풍족하게 해 주지 못하는 게 늘 속상혀. 니가 시험 백점 받아도 좋은 거 하나 사 주지 못혀서 맴이 아프다. 그려서 일부러 잘했다 소리도 못한 거여."

어젯밤, 주무시는 줄 알았던 할머니가 내가 투정 부리는 소리를 들으셨나 봐요. 내 철없는 행동이 할머니까지 속상하게 만들었네요. 할머니가 나보고 가엾다 소리할 때가 제일 싫은데도, 자꾸만 그런 소리를 하시게 하다니.

"요 며칠 일 다녀서 할미가 쪼께 돈 모은 게 있는디, 그걸로 니 휴대전화 하나 사자. 딴 친구들 다 갖는데 월매나 갖고 싶었겄어. 휴대전화 파는 데가 어딘지 니가 앞장서라. 어여."

"아니에요, 할머니. 나 그거 안 가져도 돼요. 어린애가 무슨 휴대전화가 필요하다고. 물질이 그렇게 중요한 게 아니잖아요. 할머니가 힘들게 번 돈인데 어떻게 써요. 꼭 있어야 하는 물건도 아니고요. 저 이제 진짜 안 갖고 싶어요. 정말요!"

할머니가 무거운 리어카를 끌고 다니면서, 종일 폐지를 주워 번 돈입니다. 대문 앞에 내놓은 재활용품을 뒤져서 겨우 조금씩 받아 오는 그 돈을 쓰시게 할 수는 없지요.

"아니여, 할미가 사 주고 싶어서 그러는 것잉게 얼렁 일어서."

"나 아직 시험도 안 봤단 말이에요. 올백도 아닌데 무슨 휴대전화예요? 괜찮다니까요."

할머니와 나는 한참을 현관 앞에서 실랑이를 벌였습니다. 어서 사러 가자고 할머니는 나를 독촉했고 저는 안 가겠다고 버텼지요.

"할머니, 그럼 이렇게 해요. 이번에 시험 잘 보면 축구공 하나 사 주시는 걸로요. 나는 휴대전화보다 축구공이 더 갖고 싶거든요. 어때요, 그러는 게 좋겠죠?"

아무래도 휴대전화보다는 축구공 값이 더 싸겠지요. 나는 한사코 사 주고 싶어 하는 할머니의 마음을 생각해서 돈이 덜 드는 축구공을 사 달라고 했습니다. 이가 다 빠진 할머니는 틀니도 새로 끼워 넣어야 하고, 병원에 가서 침도 맞아야 하고, 약도 드셔야 하고…… 할머니에게 필요한 것이 훨씬훨씬 더 많잖아요. 그런 할머니의 돈을 낭비할 수야 없죠.

"원, 고집두. 너무 어려서 부모를 잃어 니가 속이 일찍 차 버렸구나. 어린애같이 떼도 쓰고 그래야 하는디…… 그려, 니 말대로 시험 끝나면 축구공이나 사러 가자. 그런디 축구공 그런 거는 얼마나 하냐?"

내 말을 들은 할머니가 나를 안쓰러운 눈으로 보시면서 말했습니다. 난 정말 아무렇지도 않은데 말이에요. 물론 가끔 희수가 부러운 생각이 들기도 하지만, 그래도 그렇게 공부시키는 엄마가 없는 게 얼마나 다행이에요?

"축구공 엄……청 비싼데. 할머니 그만큼 돈 있어?"

할머니는 치마를 걷어올리면서 고쟁이 주머니에서 돈 뭉치를 꺼내 보여 줍니다. 주머니에 옷핀으로 종이 돈을 꽉 끼워 고정시키는 것이 우리 할머니의 돈 보관법이죠. 그렇게 하면 절대 잃어버릴 염려가 없다나요. 지갑도 없이 속바지 주머니에 돈을 넣고 다니는 할머니가 창피할 때도 있습니다. 길을 가다가 돈을 꺼내려면 치마를 홀렁 위로 올려야 하니까요. 할머니들은 왜 그렇게 돈을 보관하고 다니시는지 모르겠어요.

"봐라, 이만큼이면 사지 않겠냐?"

할머니는 만 원짜리 몇 장하고 천 원짜리가 꼬깃꼬깃 뭉쳐진 종이 돈을 꺼내 보여 주면서 물어보셨습니다. 언뜻 보기에도 휴대전화는 살 수 없는 돈이었습니다. 휴, 할머니 말만 믿고 혹시라도 가게에 갔다가는 망신만 당할 뻔했지 뭐예요. 저 돈으로 무슨 휴대전화를 사 주신다고.

그렇지만 할머니에게 그 돈은 엄청나게 큰 돈입니다. 박스를 가득 실어 팔아도 몇천 원밖에 못 받거든요. 며칠을 그렇게 모은 것이니 얼마나 힘이 드셨겠어요. 우리를 위해 감기약 한번 안 사 드시고 아껴둔 돈일 텐데…….

"와, 할머니 부자다! 언제 이렇게 돈을 많이 모으셨어요? 이거면 축구공 백 개는 살 수 있겠다."

나는 할머니를 기분 좋게 해 드리고 싶어 일부러 호들갑을 피웠습니다. 솔직히 축구공 한두 개밖에 살 수 없을 돈이었지만 말이에요. 할머니는 내 말이 뿌듯하셨는지 빙긋 웃었습니다.

"다음에는 더 많이 모아서 우리 창호 필요한 거 다 사 주마."

아, 나는 참 행복한 사람이에요. 내가 원하는 거 다 해 주겠다는 사람이 둘이나 있잖아요?

가만, 그런데 할머니의 이 소중한 돈을 쓰지 않게 하려면 내가 시험을 못 봐야 하는데…… 안 그러면 할머니의 고쟁이 속 주머니 돈이 다 털리게 되잖아요. 요거 참 고민 되네. 할머니 마음을 기쁘게 하려면 시험을 잘 봐야겠고, 할머니 주머니를 생각하면 시험을 망쳐야 하고…….

에이, 평소 실력대로 하죠, 뭐. 잘 봐도 좋고, 못 봐도 좋고, 부담도 없고. 히히히.

어제 형이 한 말이 진짜인 것 같아요. 사람에게 중요한 것은 물질보다 마음이다…… 정말 그렇죠? 휴대전화나 축구공보다, 더 기쁘고 고마운 건 할머니의 마음이니까 말입니다.

실증주의

콩트가 살았던 계몽주의 시대의 핵심은 과학이었어요. 과학은 일반적으로 객관적이며 합리적이고, 이성적이며 논리적이라고 합니다. 만약 비합리적이고 비객관적이라면 과학이라 할 수 없을 것입니다. 이러한 과학을 발전시킨 중요한 철학이 실증주의이며, 그것은 바로 콩트 철학의 중심에 놓여 있는 사상입니다.

실증주의는 관찰, 실험 등을 통해 사실을 밝히고 이론을 세워서, 진리를 입증할 수 있다는 철학입니다. 마찬가지로 비논리적이고 비합리적인 것들은 실증주의가 될 수 없습니다. 이 당시 유럽 전역에 나타난 계몽주의는 합리적으로 생각하고 인간의 이성을 일깨우려 했던 사상으로 실증주의를 통해 더욱 발전할 수 있었습니다. 여기에는 과학자들의 공헌이 컸습니다.

주요 인물로는 데카르트, 베이컨, 흄, 뉴턴 등을 들 수 있고, 사회과학자들로는 몽테스키외, 로크, 루소 등을 들 수 있습니다. 실증주의가 이성을 신뢰하며 과학적인 방법을 중시했기 때문에, 실증주의가 계몽주의의 핵심이 되고, 그 한복판에 과학자들이 있었던 것입니다.

　이성을 중시했던 계몽주의는 중세 시대를 철저히 비판했습니다. 그리고 새로운 시대를 열망했습니다. 이 새로운 시대는 신 중심이 아닌 이성 중심의 세계이고, 이성을 신뢰하는 시대입니다. 그렇기 때문에 계몽주의는 인간중심주의, 이성중심주의, 과학, 실증주의로 정리될 수 있습니다.

　과학의 힘을 통해 인간의 삶이 윤택해지고 더더욱 발전했던 것처럼, 계몽주의는 이성을 통해 사회를 변화, 발전시킬 수 있다고 믿었습니다. 즉 인간의 지혜, 논리, 철학에 의해 더 나은 사회, 바람직하고 유익한 사회로 변화할 수 있다고 믿었던 것이지요. 콩트도 예외는 아니었습니다. 콩트는 계몽주의 철학자로서 실증주의의 전통을 받아들였어요. 그래서 콩트의 철학, 사회학에는 자연과학적인 성격이 많이 남아 있답니다. 콩트가 사회를 분석할 때도 과학적인 방법을 사용해야 한다고 주장했던 배경이 이해가 되지요?

　콩트는 인류의 발전 과정을 설명하고 앞으로 진행될 과정을 예견할 수 있는 과학을 만들고자 했어요. 이 과학은 자연과학의 영향을 받지만 자연과학과는 다른 새로운 과학이라고 보았지요. 즉 사회에 관한 과학을 만들고자 한 것이지요. 콩트는 이 학문을 사회물리학이라는 이름으로 불렀어요. 후에는 이 용어를 사회학이라는 이름으로 바꾸

게 됩니다.

　그는 자연과학이 인간을 위해 많은 것들을 가져다준 것처럼 사회학도 인간에게 유익함을 가져다주어야 한다고 보았어요. 그래서 사회학도 과학이어야 한다는 주장을 한 것입니다. 그래서 콩트의 사회학은 실증주의와 아주 밀접한 관계에 있습니다. 사회학은 계몽주의 전통이 없었다면, 혹은 실증주의가 존재하지 않았다면 출현하지 못했을 것입니다.

4

형, 애인이 생기다

1. 나의 새 축구공
2. 형이 수상해
3. 형에게도 애인이?
4. 아저씨의 사과

 여성은 모든 인간 활동을 조절하는 도덕적인 힘을 제공한다.
여성은 사랑할 줄 알고 사랑의 감정을 불러일으킬 줄 아는 존재이다.

－콩트

1 나의 새 축구공

"네가 골키퍼 해. 내가 공격할게. 자, 간다……."

골대를 향해서 나는 공을 몰고 갔습니다. 성섭이가 골인을 막으려고 열심히 방해를 했지만 내 발놀림을 따를 수야 없죠.

오른발, 왼발, 자, 왼쪽의 빈틈을 노려서 공을 날립니다. 슈웃…….

"야! 내가 1점 얻었다. 어때, 내 드리블 대단하지 않냐?"

성섭이가 공을 놓친 것을 안타까워하며 발을 구릅니다.

"골대가 너무 넓어서 그런 거야. 둘이 하면서 저쪽 끝에서 여기

끝까지 골대인 게 어디 있냐? 이렇게 넓으니 뭐 아무데나 차도 다 골인이게?"

흥, 성섭이 녀석, 실력이 부족한 걸 괜한 골대 탓으로 돌리네요. 뭐, 정 그런 핑계라도 대고 싶다면 녀석 의견을 들어줘야겠죠? 바둑도 못하는 사람에게 점수를 더 얹어 주고 시작하잖아요. 내가 축구의 고수니까 봐주죠 뭐.

"그럼 금을 다시 긋자. 저기 자동차 있는 데까지만 골대로 해."

"이번 판까지는 그대로 해야지. 내가 공격할 차례니까 너랑 똑같이 해야 공평하잖아."

그것 보세요. 성섭이는 나한테 이길 자신이 없는 거라니까요.

나는 지금 성섭이랑 축구공을 차며 놀고 있답니다. 이 축구공으로 말할 것 같으면, 할머니의 고쟁이 주머니에서 나온 그 돈으로 산 것이죠. 저번에 본 시험에서 올백은 아니었지만 점수가 좀 잘 나왔거든요. 할머니는 약속대로 제일 좋은 축구공을 사 주시겠다고 했지만, 나는 시장에서 제일 싼 것으로 골랐어요. 그래도 이 공이 얼마나 좋은데요. 처음 생긴 내 공을 자랑하고 싶어서 지금 성섭이랑 축구를 하고 있는 것이랍니다. 전에 만났던 놀이터로 왔더니 역시나 성섭이 혼자 놀고 있더라고요.

그날 나는 성섭이랑 어두워질 때까지 신나게 축구 시합을 했습니다. 결과는 물론 나의 완승이었죠. 성섭이가 다섯 골을 넣긴 했지만, 그것도 내가 일부러 봐준 덕이라니까요.

실컷 뛰어논 나는 성섭이와 헤어져 집으로 돌아왔습니다. 축구공을 양팔에 안고 말이에요. 흙이 잔뜩 묻어 지저분해졌지만 그런 것쯤 상관없어요. 우리 할머니가 사 주신 선물이잖아요.

"이제 들어오냐? 겨울이라 해도 짧은디 일찌감치 들어오잖구. 아이구 이 옷 좀 봐라. 까마귀가 형님 하자고 하게 새카매졌네. 어디서 이렇게 드럽게 묻혔냐? 너 숙제는 하고 나간겨?"

집으로 들어가자마자 할머니의 잔소리가 줄줄줄 따라붙네요. 이런 말씀이 하고 싶으셔서 얼마나 참으셨을까요.

"숙제는 오자마자 했죠. 할머니, 이 축구공 진짜 좋아요. 이걸로 축구 한바탕 뛰고 왔더니 배가 고프네. 할머니, 우리 밥 먹어요."

"그려그려, 얼릉 밥 차리마."

역시 할머니의 잔소리를 멈추는 데는 빨리 딴 얘기를 하는 게 최고랍니다. 히히.

2 형이 수상해

저녁을 다 먹고는, 방바닥에 누워 학교 도서관에서 빌려 온 책을 읽고 있는데, 형이 들어왔습니다. 형은 저녁을 밖에서 먹고 들어왔대요. 돈이 아까워서 밖에서는 절대 음식을 사 먹지 않는 형인데, 웬일일까요? 요즘은 전보다 늦게 들어오는 일도 더 많아졌어요. 아무리 늦게 들어와도 집에서 밥을 먹더니, 자주 밖에서 먹고 들어옵니다.

그러고 보니 수상한 건 그것뿐이 아니에요. 회사에서 준 점퍼만

입고 다니던 형이 부쩍 외모에 신경을 쓴단 말이죠. 혼자서 실실 웃는 일도 많고요, 자주 딴생각에 빠지기도 한답니다. 형에게 무슨 일이 있나?

"할머니가 형 좋아하는 갈치 구워 놓고 기다렸는데. 일찍 와서 같이 먹지 그랬어?"

"으응, 회사 친구가 저녁 먹고 가자고 해서……."

형이 더 수상스럽게 말꼬리를 흐리네요.

"그 형이 저녁 사 줬어? 그렇게 매일 밥 사 주는 친구가 있다고?"

"아이, 그렇다니까. 조그만 게 형의 일을 그렇게 알려고 하냐?"

전 같지 않게 말을 딴 데로 돌리네요. 진짜 수상한데…….

"형, 요새 이상해. 눈만 봐도 형이 어떤 생각하는지 내가 다 아는데, 솔직히 말하시지?"

"내가 뭐가 이상하냐? 말할 게 있어야 말을 하지."

"혼자서 실실 웃고 다니면 정신이 이상한 거라면서? 형이 그런 거 몰라? 혼자서 실실, 자주 그래 형. 혹시 실성한 거 아냐?"

"애도 참. 아유, 춥다. 집이 서늘한 것 같은데, 방 온도 좀 올려야겠다."

이것 보세요. 또 말을 돌리잖아요? 형은 요즘 더 열심으로 밤늦게까지 공부한다고 불을 켜 놓고 있거든요. 새벽에 출근하고, 늦게 자고, 무척 피곤할 텐데 어떻게 실실 웃음이 나오냐고요.

형이 방을 막 나가려는데 어디선가 음악 소리가 울렸습니다. 요즘 유행하는 노래였어요. 대체 어디서 소리가 나는 거지요? 나는 주변을 두리번거렸습니다. 그때 형이 후닥닥 방을 나가면서 살그머니 말하는 소리가 들렸습니다.

"응, 집에 들어왔어. 너도 도착했니?"

휴대전화 벨소리예요! 형이 어떻게 휴대전화를 가지고 있는 걸까요?

한참 지난 후에야 통화가 끝났는지, 욕실에서 물 소리가 났습니다. 오늘은 꼭 형의 수상함을 밝혀내야겠어요. 분명 뭔가가 있다니까요.

"형, 휴대전화 샀어?"

형이 젖은 머리를 털면서 들어오는 것을 보고 내가 물었습니다. 형은 순간 당황한 모습으로 대답했죠.

"아, 저 휴대전화? 회사에서 준 거야. 일할 때 필요하거든. 내가 산 거 아니야."

"형은 좋겠다. 휴대전화도 생기고. 그런데 왜 나한테는 말 안 했어?"

"으응, 그냥, 아니, 말할 시간이 없었잖아. 내가 일찍 나가고 늦게 들어왔으니까."

"아까 통화하던 사람, 형 친구야? 혹시 여자?"

나는 짚이는 게 있어 물었습니다. 형이 저렇게 당황하는 건 분명히 말하기 좀 그런 일 아니겠어요?

"히히, 눈치 챘어? 형이 요즘 여자 친구를 만나고 있거든……."

"뭐? 형, 애인 생긴 거야? 그럼 진작 얘기해 주지!"

역시 그럴 줄 알았어요. 내 직감은 틀린 적이 없다니까요.

"형이 무슨 재주로 애인을 만든 거야? 정말 신기하네. 그 누나가 형을 좋아한대?"

여자라고는 할머니밖에 아는 사람이 없던 형이 연애를 한다니 믿어지지가 않습니다.

"네가 형을 모르나 본데, 이 형이 밖에 나가면 여자들한테 얼마나 인기가 많다고. 지금 이 친구도 치열한 경쟁을 뚫고 이 형이랑 사귀게 된 거라, 이 말씀이야."

"에이, 거짓말. 형이 경쟁을 뚫고 여자 친구를 만난 거겠지. 반대로 얘기하는 거 아니야?"

내가 놀리면서 말하자 형이 고개를 끄덕끄덕했습니다.

"네 말이 아주 틀린 건 아니지. 얘를 좋아하는 남자들이 아주 많거든. 예쁘고 마음씨도 곱고, 눈도 맑고, 말도 잘 통하고…… 아주 괜찮은 애야."

그러면서 형이 또 배시시 웃습니다. 생각만 해도 그렇게 좋을까요. 형의 눈이 몽롱해지는 걸 보니 정말 사랑에 빠졌나 봅니다. 형의 이런 모습 처음이에요. 사랑에 빠진 사람들은 왜 이렇게 실성한 사람처럼 변하는 걸까요?

3 형에게도 애인이?

"형 여자 친구 이름이 뭔데?"

"응, 민순이. 박민순. 이름도 예쁘지 않냐?"

내 참, 사랑에 빠지니까 뭐든지 다 좋아 보이나 봅니다. 민순이라는 그 이름이 예뻐 보인다니 말이에요. 솔직히 좀 촌스러운 이름 아닌가요?

"형, 민순이라는 누나랑 결혼할 거야?"

"결혼? 하하하, 그래, 결혼해야지. 하하하."

내 물음에 형은 뭐가 그렇게 좋은지 연신 웃음을 터뜨렸습니다. 처음으로 여자 친구가 생기니 너무 좋아서 살짝 맛이 간 게 분명하답니다.

"아직 사귄 지 얼마 되지 않아서 그런 생각까진 안 해 봤는데…… 네 말 들으니까 이상하게 마음이 두근거린다. 민순이랑 결혼을…… 하하하."

"그럼 형도 사회의 기본 단위가 되겠네?"

내가 불쑥 이렇게 말하자 형이 대견하다는 듯 쳐다봤습니다.

"콩트가 말한 가정 얘기구나? 자식, 형이 가르쳐준 걸 잊지 않고 있다니. 가르친 보람이 있구만."

"민순이 누나랑 결혼하면 형도 가정을 이루게 될 거잖아. 그럼 우리도 식구가 느는 건가?"

"그렇겠지? 나는 민순이랑 결혼하면 정말 행복하게 잘살 자신 있어. 사랑이 넘치는 가정으로 만들 거야. 콩트가 말했던 것처럼 말이야."

형은 벌써 결혼식 끝내고 민순이 누나랑 살고 있기라도 한 듯, 비장한 결심을 말합니다. 만난 지 얼마 되지 않았다면서 참 멀리도 가네요.

"그래서 요새 형 얼굴이 이렇게 환했구나? 공장 일이 힘들다더니, 그 누나 만날 생각에 힘든 줄도 몰랐던 거야?"

형은 머리를 긁적이며 쑥스러운 표정을 짓습니다. 그런 형의 모습이 참 좋게 보이네요.

"진짜 여성의 힘은 위대한 거구나……."

내가 놀리듯이 말하자 형이 대꾸했습니다.

"내가 요즘 콩트를 온몸으로 공부하고 있다는 거 아니냐. 사랑을 하니까 세상이 달라 보이더라고. 콩트가 말한 게 어떤 건지 진정으로 알 것 같아."

그러면서 또 눈이 풀리네요. 눈에 쌍꺼풀을 만들고 쳐다보는 것보다 더 느끼한 표정입니다. 으이구…… 사랑하면 원래 다 저러는 건가요?

"'여성은 모든 인간 활동을 조절하는 도덕적인 힘을 제공한다. 여성은 사랑할 줄 알고 사랑의 감정을 불러일으킬 줄 아는 존재이다. 철학자, 과학자들은 여성에게서 감정의 가치와 사랑을 배워야 한다. 그리고 노동자들은 여성으로부터 사회적 헌신의 매력을 배운다. 여성이 있기 때문에 철학자들은 학문의 메마름에서 벗어날 수 있고 노동자들은 이타주의를 배운다.' 캬! 구구절절이 맞는 말

여성의 힘-학문의 메마
름에서 벗어나게 함

사랑과 도덕

도덕적인 힘

이타주의

아니냐. 여성의 진정한 행복은 사랑을 하고, 사랑의 감정을 부추기는 자연스런 임무에 있다고 한 것도 딱 맞는 말이라고. 민순이가 나의 사랑의 감정을 부추겨 준 덕분에 메마른 현실의 어려움을 이겨 내고 있다, 이 말이야."

메마른 현실의 어려움을 이겨 낼 수 있다니, 사랑의 힘은 역시 위대한 거군요! 형이 감정을 잡고 읊어 대는 모양이 하도 가관이어서 웃음이 났습니다. 세상을 다 얻은 것 같은 형의 얼굴이란.

아, 나도 여성의 위대한 힘을 한번 얻어 볼까? 그러면 나도 학문의 메마름에서 벗어날 수 있을지 모르잖아요? 히히.

그때 전화벨이 울렸습니다. 형의 휴대전화요. 또 그 민순이라는 여자 친구에게서 온 거겠죠? 통화 끝난 것이 조금 전이었는데, 무슨 할 말이 또 있다고 전화했을까요? 연애하는 사람들은 암튼 전화기를 붙들고 사는 것 같아요. 그렇게 좋을까?

"여보세요. 아, 예. 이 시간에 웬일이에요? 무슨 일이라도 생겼나요? 네? 지금요?"

누구의 전화인지 형은 밝지 않은 표정으로 더 얘기를 하다가 끊었습니다.

"누군데? 왜?"

"응, 공장에서 같이 일하는 사람. 아, 그때 네가 공장에 찾아왔을 때, 매점에서 만났던 그 아저씨 말이야."

그때 그 아저씨라면 형을 괴롭히던 사람이잖아요? 그런데 이렇게 늦은 시간에 왜 전화까지 하고 그런대요? 나는 그 아저씨라는 말에 형보다 더 기분이 나빠졌습니다. 우리 형이 잘못한 일도 없는데 괜히 못살게 구는 사람이니까요.

"좀 나갔다 와야겠다."

"어디를? 그 아저씨 만나러?"

"이 근처에 있는데 좀 나올 수 없냐고 그러네."

"왜 여기까지 찾아온 거야? 이제 퇴근하고도 괴롭히려고 그러는 거 아니야?"

형이 이 밤에 나간다는 것도 그렇고, 더구나 그 아저씨를 만나러 간다는 게 영 안심이 안 되어서 자꾸 물었습니다.

"그건 아닐 거야. 금방 다녀올 테니까 문단속 잘하고 있어. 혹시 늦어지게 되면 너 먼저 자고."

그러면서 형은 점퍼를 입고 밖으로 나갔습니다. 공장에 무슨 안 좋은 일이라도 있는 걸까요? 그 아저씨가 형을 해고시키기라도 하면 어쩌지요? 형이 나간 뒤에도 나는 마음이 편치 않아 책을 뒤

적거리며 기다렸습니다.

 꽤 시간이 흐른 뒤에야 형이 돌아왔습니다. 나는 물론 그때까지 자지 않고 있었지요. 여자 친구를 만나러 가는 거라면 모를까, 사이가 좋지 않은 사람을 보러 간다니 잠을 잘 수가 있어야죠.

4 아저씨의 사과

"형! 이제 와?"

"먼저 자라니까 왜 아직 안 자?"

형은 까만 비닐봉지 하나를 들고 들어왔습니다. 나갈 때의 얼굴과 달리 표정이 좋아 보였어요. 가까이 오니 살짝 술 냄새도 나는 것 같았습니다.

"형, 술 마셨어? 그 아저씨랑?"

"응, 이것도 사 주더라. 집에 동생이 있다니까 갖다 주래."

형이 내민 비닐 안에는 흰 종이 봉투에 담긴 군밤이 있었습니다. 따끈한 게 정말 고소한 냄새가 났습니다.

"진짜? 그 아저씨 나쁜 사람은 아닌가 보네."

"자식, 먹을 거에 약하기는. 언제는 안 좋은 사람 같다며?"

그러면서 형은 피식 웃었습니다. 형에게 술도 사 주고, 군밤도 사 준 걸 보면 형을 괴롭히려고 나오란 건 아닌 것 같습니다.

"근데 무슨 말하려고 그랬대?"

나는 군밤을 하나 까서 입에 넣으며 물었습니다. 전부터 얼마나 먹고 싶었던 군밤인데요. 형은 군밤이 비싸다고 붕어빵만 사다 주었는데…… 군밤이 많이도 들어 있네요.

"공장에서 일이 좀 있었어. 그 아저씨가 물건을 검사하면서, 불량인 제품까지 실수로 확인 도장을 찍었던 거야. 원래 불량 제품은 따로 빼 놔야 하거든. 그런데 한 박스나 되는 불량을 정상으로 내보내는 바람에 아주 곤란한 일이 생겼지. 그런데 자기 책임인 그 일을 내가 한 일로 떠넘겨 버린 거야."

"뭐야, 그 아저씨 정말 나쁜 사람이잖아? 자기가 잘못한 것을 왜 형한테 뒤집어씌워!"

형의 얘기를 듣다가 흥분한 탓에 입에 있던 밤 부스러기들이 튀어나왔습니다. 그런 나쁜 사람이 사 준 군밤이라니, 먹고 싶은 생각도 싹 달아났습니다.

"그런데도 내가 가만히 있었어. 물건을 검사하는 일을 맡은 건 나도 마찬가지니까, 그래서 그 아저씨가 내 잘못이라고 공장장한테 말할 때 그냥 내 책임이라고 했지."

"뭐? 형 바보야? 형 잘못도 아닌데 그걸 왜 인정해? 공장장한테 확 일러 버리지!"

너무 화가 나서 큰 소리를 쳤더니 내 입에서 아까보다 더 많은 파편이 튀어나왔습니다. 정말 우리 형은 너무 착한 건지, 바보 같은 건지, 이럴 때 보면 내가 더 화가 난다니까요.

"일러 버리면 나도 똑같은 사람이 되는걸 뭐. 그리고 그 사람은 집에 부인도 있고 애들도 있는데, 공장에서 해고되면 당장 그 가족들은 어떻게 되겠어. 사회의 기본인 가정이 흔들리면 사회도 흔들릴 거 아냐."

"아유 참, 마음도 넓으셔! 이런 데서도 사회학 타령이 나와? 그쪽 가정만 가정이고, 우리 가정은 가정이 아니야? 형이 해고되면 우리 가족은 어떻게 해?"

우리 형은 정말 못 말립니다. 남의 가정 걱정이나 해 주고 있다니 말이에요. 하도 답답해 가슴을 치고 싶을 지경이었습니다.

"어쨌거나 공장장님이 나를 좋게 봐 준 게 있어서 이번 일은 그냥 덮고 넘어갔어. 다시는 실수하지 말라고 당부하면서. 결과적으로 다 잘됐지 뭐."

"그래서 그 아저씨가 고맙다고 찾아온 거야?"

"응, 자기가 미안하다고. 그리고 너무 고맙다고 그러더라. 사실 여기 공장에서 해고되면 먹고살 길이 막막해지니까 어쩔 수 없었대. 그렇게 해서라도 해고만은 안 당하려고 그런 거라면서 용서해 달라더라."

형의 얘기를 들으니 그 아저씨가 안됐다는 생각도 들었습니다. 형의 착하기만 한 마음이 또 대단해 보이기도 했고요.

"그 아저씨는 그런 줄 알면 일 좀 열심히 하지 말이야. 그랬으면 이런 일도 없을 거잖아. 괜히 형만 미워하고 괴롭히고."

"그렇잖아도 이제부터 열심히 할 거래. 이번에 큰 거 깨달았다면서, 나하고도 잘 지내자고 그러더라. 얘기해 보니까 좋은 사람인 것 같아."

하여간 형의 넓은 마음이란. 그동안 그 아저씨 때문에 괴롭고 힘들었던 건 다 잊어버렸나 봐요. 그래도 이렇게 해결되었다니 다행이지요. 이번 일 덕분에라도 앞으로 형에게 잘할 테니, 어쩌면 좋은 기회인지도 몰라요.

"아니 그런데, 그렇게 큰 도움을 얻은 아저씨가 고작 군밤 한 봉지만 사 준 거야? 적어도 통닭 정도는 돼야 하는 거 아냐?"

내가 군밤 봉지를 흔들면서 투덜거리자 형이 웃으며 말했습니다.

"통닭은 내가 벌써 얻어먹었지…… 저기 아래 치킨 집에서 맥주랑 먹었거든. 거기 통닭 맛있던데?"

형이 내 약을 올리려고 자랑하듯 말하네요. 치, 맛있는 치킨은 자기 혼자만 먹고 말이에요.

"그러면 나도 싸다 주지 그랬어! 형은 동생이 이렇게 기다리고 있는데 혼자 먹으니 맛있어? 너무 의리 없다! 칫."

"네가 성인이 되면 그때 데려가 주지. 형하고 한잔 하자. 응?"

"너무 멀잖아. 통닭은 지금도 먹을 수 있단 말이야!"

통닭 애기를 하니 군밤 같은 건 눈에 보이지도 않네요. 어디 이 쪼그만 군밤이 노르스름하게 튀겨진 치킨에 비하겠어요?

"알았어, 알았어. 다음에 민순이랑 같이 만나자. 그때 치킨 실컷 사 줄게. 됐지?"

입을 잔뜩 내밀고 부은 얼굴을 하고 있으니, 결국에는 형이 치킨을 사 주겠다는 약속을 합니다. 그럼 그렇지요, 자기 혼자만 의리 없이 먹고 왔으니 보상을 해야죠!

"언제 만날 건데? 내일? 아니면 모레?"

"자식, 급하기는. 어떻게 당장 만나냐. 곧 자리 마련할게. 기다려."

아, 민순이 누나가 빨리 보고 싶네요. 민순이 누나 덕에 치킨도 얻어먹을 수 있게 됐잖아요. 형의 애인을 만나는 것도 기대되지만, 치킨 먹을 날이 더 기대됩니다.

가만, 그런데 민순이 누나를 만나면 뭐라고 불러야 하는 건가요? 형이 결혼할 거라고 했으니까 형수가 되는 건가? 형수님······ 히히, 이상한 기분인걸요. 나에게 형수님이 생기다니.

콩트에게 영향을 준 인물들

콩트는 콩도르세와 튀르고와 같은 계몽주의자들로부터 큰 영향을 받았습니다. 콩도르세는 인간이 사회를 완성할 것이라고 믿었으며, 이러한 성향은 전형적인 계몽주의자의 모습이었습니다. 그는 인간의 이성을 통해 사회를 변화, 발전시킬 수 있으며 궁극적으로 사회는 최상의 모습을 갖게 될 것이라고 생각했습니다. 계몽주의자였던 콩트 또한 이러한 콩도르세의 사상을 받아들였던 것입니다.

또한 콩도르세는 과학이 발전해야 인간도 완전하게 될 수 있다고 보았습니다. 객관적이고 실증주의적인 과학이 바로 인간에게 가장 중요한 과제이자 열쇠라고 생각했던 것이죠.

콩트에게 영향을 준 또 다른 한 명은 프랑스 재무장관 출신인 튀르고입니다. 그는 18세기 계몽주의 사상가 가운데 가장 영향력 있는 인물로 인간은 3단계의 과정을 거쳐 진화한다고 보았습니다. 세상의 모든 사회는 사냥꾼, 양치기, 농부의 단계 중 하나에 놓여 있다고 주장한 것입니다. 이러한 생각이 콩트의 사상에도 영향을 주게 됩니다.

진보는 신이 간섭하여 나타난 결과가 아니라 사회의 구조적인 힘들에 의해 나타난 결과라고 튀르고는 생각했습니다. 그리고 이러한 진보는 사회의 진보, 진보의 법칙, 3단계 진화 등에 의해 변화한다고 주장했으며 이것이 콩트 사상입니다.

생시몽 또한 콩트의 협력자이자 후원자인 동시에 동료였습니다. 생시몽은 인류와 사회에 관한 연구는 경험적 관찰에 기반한 실증 과학이어야 한다고 보았습니다. 실증 과학만이 사회를 객관적으로 연구할 수 있다고 생각했던 것이죠. 거기다 생시몽은 과학이란, 연속적으로 발전하며 단순한 것에서 복잡한 것으로 발전한다고 보았습니다. 19세기가 바로 복잡한 과학, 즉 이전 과학보다 더 발전한 최고의 과학이 등장하는 시기라는 것입니다. 이 과학이 바로 실증 과학입니다. 또한 사회는 발전의 법칙에 의해 지배받고 있으며, 이러한 법칙들은 과학적인 관찰을 통해 밝혀질 수 있다고 주장했습니다.

에필로그

오늘은 겨울 방학을 하는 날입니다. 얏호! 신난다!

긴 방학 동안 나는 시골집에서 실컷 놀아야겠어요. 사실 방학이 아니어도 매일 놀았지만, 이번 방학에는 좀 더 열심히 놀 거예요. 마음껏 놀수 있는 마지막 방학이 될 테니까요. 이제 나도 초등학교 최고 학년인 6학년이 되니까, 내년부터는 공부를 해야 하지 않겠어요.

어, 저 앞에 희수가 가고 있습니다. 나는 일부러 뛰어가 희수에게 말을 붙였습니다.

"야…… 같이 가자."

참, 희수는 저번 시험에 3개보다 훨씬 많이 틀려서 휴대전화를 가지지 못했습니다. 희수가 시험만 잘 봤다면 희수네 아빠는 휴대전화를 열 개도 더 사 줄 수 있었을 텐데…… 나는 축구공이 생겼으니 희수가 하나도 부럽지 않습니다.

"넌 방학 때 뭐 할 거야? 나는 스키 캠프 가. 원래는 미국에 가려고 했었는데 비행기표를 예약하지 못해서 취소됐거든."

자랑을 하고 싶은 건지, 희수는 묻지도 않은 얘기를 하는군요. 스키 캠프고, 외국 여행이고, 나는 꿈도 못 꿀 일입니다.

"그래? 나는 방학 내내 시골집에 가서 놀 건데 군고구마도 구워 먹고, 형이 얼음 낚시도 가르쳐 준댔어."

"시골집? 시골에 친척이 살아?"

시골집이라는 얘기에 희수가 관심을 보이네요.

"응, 민순이 누나 고향이 시골이라서 거기에 가려고. 부모님이 시골에 사시거든."

"민순이 누나? 그게 누구야?"

"우리 형수. 아니, 형수 될 사람."

희수의 눈이 더 커집니다. 형수라는 말이 시골집 얘기보다 더 호기심을 자극했나 봐요.

"너희 형, 여자 친구 생긴 거야?"

"그렇다니까. 얼마나 예쁜데. 되게 착하고, 나한테도 되게 잘해 줘."

민순이 누나 얘기를 하는데 왜 이렇게 어깨에 힘이 들어갈까요? 꼭 내가 사귀는 사람을 소개하는 것 같지 뭐예요.

"좋겠다. 시골집에서 놀면 엄청 재미있을 것 같은데…… 우리는 시골에 사는 친척이 아무도 없어. 나도 스키 캠프 말고 시골집에 가고 싶다."

희수가 진심으로 부러운 표정을 짓습니다. 자식, 진짜 부러운 모양입니다.

"우리 형, 내년에 결혼할 거야. 그러면 형수가 생기는 거지."

나를 부러워하는 희수의 모습이 왠지 뿌듯해서 나는 한마디 더 붙였습니다.

"나는 형도 없는데…… 너는 가진 게 많아서 좋겠다."

희수에게 이런 말을 듣다니, 좋은 집과 부모님, 가진 것도 엄청 많은 희수가 도리어 나를 부러워하다니요. 자꾸만 어깨에 힘이 들어갑니다.

애기하면서 걷다 보니 금방 학교에 도착했습니다. 방학식 날이라 그런지 아이들이 시끌벅적 야단이었죠.

다들 방학 때 뭐 할 거라는 자랑에 바쁘네요. 다른 때 같으면 집에만 있어야 할 내 처지가 속상해서 부루퉁해 있었을 테지만, 오늘은 달라요. 친구들의 얘기가 하나도 부럽지 않습니다.

나는 가진 게 많은 사람이거든요. 형도 있고, 할머니도 있고, 가족들의 따뜻한 사랑도 있고요. 그리고 곧 형수도 생기잖아요? 형수는 아무한테나 생기는 게 아니랍니다. 나처럼 멋진 도련님한테만 생기는 거지요. 하하하!

통합형 논술
활용노트

01 여러분은 사회를 구성하는 단위가 무엇이라고 생각하나요? 그리고
그 생각은 콩트의 의견과 어떻게 다른지 논술해 봅시다.

02 콩트는 사회가 완성되기 위해서는 여성의 도움이 필요하다고 했습니다. 그 이유는 무엇인지 서술해 보세요.

03 여러분이 생각하는 여성의 가장 큰 장점은 무엇인지 2번의 내용을
참고로 하여 자유롭게 말해 보세요.

04 콩트가 그 당시의 다른 사회학자들과 뚜렷이 구별된 점은 무엇인가
요? 책을 잘 읽고 논술해 보세요.

05 우리가 세상을 살아가면서 물질보다 중요시해야 할 것은 무엇일까요? 자신의 경험을 바탕으로 의견을 잘 정리해 봅시다.

01 저도 이 책의 주인공인 창호처럼 사회를 구성하는 가장 기본적인 단위는 개인이라고 생각합니다. 개인이 모여 가족을 이루고, 가족이 모여 사회를 이루기 때문입니다. 하지만 이런 저의 생각은 콩트의 생각과 다소 차이가 있습니다. 콩트는 사람은 혼자 만들어지는 것이 아니라, 남자와 여자가 만나고, 사랑해서 아이들이 생기는 과정을 거쳐 생겨나므로 사회의 구성 단위는 개인이 아니라 두 사람이 만나 이루는 가족이라고 설명했습니다. 그렇기 때문에 콩트는 사회의 구성 단위를 필요하다면 최소 단위인 부부까지로 볼 수 있다고 한 것입니다. 여기서 말하는 가족은 꼭 부모와 자녀로 이루어진 형태를 의미하는 것은 아닙니다. 가족이란 함께 모여 한 집을 이루게 되는 모든 형태를 의미하는 것으로 본문에 나타난 창호의 가족도 콩트가 말한 가족의 개념에 포함할 수 있습니다.

02 콩트가 사회의 완성에 여성의 도움이 필요하다고 말한 이유는 여성이 모든 인간의 활동을 조절하는 도덕적인 힘을 제공한다고 생각했기 때문입니다. 여성은 사랑할 줄 알고 사랑의 감정을 불러일으키는 역할을 합니다. 그렇기 때문에 여성의 진정한 행복은 사랑을 하고, 그 사랑의 감정을 부추기는 자연스러운 임무에 있다고 할 수 있습니다. 이러한 여성의 사랑을 통해 사람들은 남을 배려할 수 있으며, 자신의 이익만 내세우지 않고 사회를 위하는 마음을 갖게 되는 것입니다.

03 '여자는 약하고 어머니는 강하다' 라는 말이 있습니다. 저는 이 말처럼 여성의 가장 큰 장점은 모성애에 있다고 생각합니다. 어머니들은 자식이 위급한 상황에 빠졌을 경우, 자기 자신도 모르게 특별한 힘을 발휘하게 된다고 합니다. 이러한 현상은 어떠한 과학적인 이론으로도 설명할 수 없는 신비한 힘입니다. 또한 모성애는 진정한 배려와 보살핌에서 비롯된 부드러움이라고 생각합니다. 어머니가 자식을 바라보는 표정에는 그 누구도 흉내 낼 수 없는 따스한 이해와 사랑이 묻

어납니다. 그러므로 모성애에는 강함과 부드러움이 함께 존재한다고 할 수 있고 이는 여성만이 가질 수 있는 장점이라고 생각합니다.

04 콩트가 활동했던 당시 다른 사회학자들은 물질적인 힘의 중요성을 강조했습니다. 이들은 자본주의나 산업 사회가 기계의 발전, 과학의 발전, 경제 구조의 변화 등에 의해 나타났다고 보았습니다. 이는 다시 말해 사회의 외형적인 구조 변화가 자본주의, 산업 사회를 탄생하게 했다고 생각하고 경제적 분석, 물질적 분석만을 강조했습니다. 그러나 콩트는 이러한 주장을 펼친 사회학자들과는 달리 정신적이고 도덕적인 영향력을 강조했습니다. 그는 사회의 기본은 가정이라고 생각했고 가정에서의 화목이 사회를 유지하고 발전시키는 데 반드시 필요하다는 입장이었습니다. 즉, 사회를 이끌어 나가는 원동력은 물질적인 것에 있는 것이 아니라 사람들의 마음 안에 존재한다는 것입니다.

05 그림 그리기를 좋아하는 저는 학교 수업이 끝나면 바로 미술 학원으로 달려가 몇 시간을 보내곤 합니다. 얼마 전, 학원에서 친하게 지내는 선영이가 저에게 외국에서 아버지가 사 왔다는 물감을 보이며 자랑했습니다. 저도 미술 도구 관련 사이트에서 구경한 적이 있고 돈을 모아 꼭 갖고 싶어 했던 물감이었습니다. 그날 집에 돌아온 나는 언니에게 몇 마디 투정 부리듯 제 기분을 전했고, 선영이가 학원을 갑자기 그만두는 바람에 저는 그 물감에 대해 까맣게 잊고 있었습니다. 한 달 뒤, 언니가 집에 돌아오더니 갑자기 제게 그 물감 세트를 내미는 것이었습니다. 힘들게 일하시는 어머니께 차마 말씀은 못 드리겠고 자기가 사 주려고 한 달간 몰래 편의점에서 아르바이트를 했다는 것이었습니다. 그 전까진 제게 관심이 없는 듯 무뚝뚝하다고만 생각했던 터라 많이 놀랐고 고마웠습니다. 저를 정말 행복하게 한 것은 그 물감이 아니라 언니의 따뜻한 사랑이었다는 것을 깨달았습니다.